ALI BABA

OPÉRA COMIQUE EN TROIS ACTES ET HUIT TABLEAUX

DE

MM. Albert VANLOO et William BUSNACH

MUSIQUE DE

CHARLES LECOCQ

PARIS

CHOUDENS PÈRE ET FILS, ÉDITEURS

30, BOULEVARD DES CAPUCINES

Tous droits réservés.

PERSONNAGES

ALI BABA, bûcheron .... MM. DECHESNE.
CASSIM, riche marchand de Bagdad ..... MESMACKER.
ZIZI, voleur ... . SIMON MAX.
SALADIN, neveu de Cassim .... LARBAUDIÈRE.
KANDGYAR, chef des voleurs........... CHALMIN.
MABOUL, cadi .... HURBAIN.
GIAFAR, intendant.................... CASTELAIN.
MESROUR, voleur .... FONVIELLE.
Un Muezzin (voix dans la coulisse) ......

MORIANE, servante d'Ali Baba .... Mmes SIMON-GIRARD.
ZOBÉIDE, femme de Cassim .... DUPARC.
MEDJÉAH, bayadère (personnage muet) . CANNÉS.
Un Esclave (travesti) ....
Six Commis (travestis)....................

VOLEURS, MARCHANDS, ACHETEURS, PEUPLE, SOLDATS, etc.

Mise en scène de M. L. HOWEY.

Costumes dessinés par M. BIANCHINI, exécutés par M. MILLET

Accessoires de M. HALLÉ.

Décors de MM. POISSON, GABIN, FROMONT, DEVIS et LYNEN.

Ballet réglé par Mme MARIQUITA.

(Premières danseuses, Mlles CANNÉS et PERROT.)

ALI BABA

ACTE PREMIER

PREMIER TABLEAU

LES MAGASINS DE CASSIM

Un grand bazar. — Comptoirs, portes au fond, portes latérales. — Un escalier à gauche, menant aux magasins du premier.

SCÈNE PREMIÈRE.

ACHETEURS, SALADIN, six Commis (travestis)

INTRODUCTION

CHOEUR

Dans ces immenses bazars,
  Où la foule abonde,
Les flâneurs et les bavards
  Viennent à la ronde,
Et, du matin jusqu'au soir,
  C'est comme une fête
Où la moitié vient pour voir
  Ce que l'autre achète.

PREMIER COMMIS

Voyez ! prenez l'article en main !

DEUXIÈME COMMIS

Des tapis de jonc et des nattes !

TROISIÈME COMMIS

Des dentelles et du satin !

QUATRIÈME COMMIS

Du sel, du riz !

CINQUIÈME COMMIS

De belles dattes !

TOUS LES COMMIS

Approchez
Et voyez !
Demandez !
Achetez !
Que, sans cesse,
Au bazar
On s'empresse,
On se presse,
Car...

CHOEUR DES SIX COMMIS

Nous sommes les commis,
Jeunes gens très polis,
Aux manières charmantes,
Avec des airs galants,
Nous servons les clients,
Et surtout les clientes !

LES COMMIS

Demandez !

LES CLIENTES

Demandons !

LES COMMIS

Achetez !

LES CLIENTS

Achetons !

LES COMMIS

Qu'on se presse !

LES CLIENTS

Qu'on s'empresse !

REPRISE

Dans ces immenses bazars,
Etc...

(La musique continue. La foule se disperse peu à peu, pendant le dialogue suivant.)

UNE ACHETEUSE, à Saladin qui entre.

Les dentelles de Bassora, je vous prie ?...

SALADIN

Par là... à gauche.

UNE SERVANTE

Les poêlons pour le kouskoussou ?

SALADIN

Au premier... à droite.

LA SERVANTE

Au premier... j'en viens! On m'a fait redescendre.

SALADIN

C'est juste!... je me trompe... Au premier, les étoffes, les cachemires... Et ici, les ustensiles de ménage...! Ah! c'est qu'il y a de quoi perdre la tête dans ces magasins! Tout Bagdad se fournit chez nous.

UN CHALAND

Il me faudrait une livre de raisins secs!

UN ACHETEUR

Et, à moi, des babouches.

SALADIN

Trop tard!... Voici le moment de la sieste, nous allons fermer pour une heure... Circulez! Circulez!

(Les derniers chalands se retirent par le fond. La musique cesse.)

SCÈNE II.

SALADIN seul, puis MORGIANE

SALADIN, resté seul.

Oh! oui!... il y a de quoi la perdre, la tête!.. (Regardant au fond dans la coulisse.) Et voilà qui va me la faire perdre tout à fait...Morgiane, la charmante Morgiane, se dirige de ce côté.

MORGIANE, entrant de droite.

Bonjour, Saladin.

SALADIN

Bonjour, adorable Morgiane... perle des houris... astres radieux qui...

MORGIANE, riant.

C'est bon, je connais la chanson… Mais je n'ai pas le temps
d'écouter vos compliments… Donnez-moi une livre de riz.

SALADIN

Tout de suite, Morgiane, tout de suite ! Ah ! comme j'aime
à servir la pratique… quand la pratique c'est vous ! (Il court à
droite, premier plan, et revient avec un paquet.) Nous disons une livre
de riz?… Voilà, délicieuse Morgiane.

MORGIANE

Eh bien ! Qu'est-ce que vous faites ?… Ce n'est pas du riz
que vous me servez là.

SALADIN, sentant le paquet.

C'est juste !… (Il éternue.) c'est du poivre !… Il ne faut pas
m'en vouloir, je suis si troublé quand je vous vois… (Courant
à gauche.) Voilà votre riz… Et avec ça?

MORGIANE

Avec ça, je confectionnerai le déjeuner de mon maître et
le mien.

SALADIN

Ah! votre maître, en voilà un à qui je porte envie !

MORGIANE

Il n'y a vraiment pas de quoi ! Un pauvre bûcheron, qui
travaille du matin au soir dans la forêt… et qui ne possède
même pas de quoi payer le loyer de cette maison, que nous
habitons, à côté d'ici.

SALADIN

Et qui appartient à mon oncle Cassim !

MORGIANE

Oh ! votre oncle !… Parlons-en !… Quand je pense que mon
maître est son cousin !…

SALADIN

C'est-à-dire le cousin de sa femme.

MORGIANE

Ça revient au même...Et qu'il se conduit envers ce pauvre
Ali Baba d'une façon !... Oh ! le vieil avare !

SALADIN

Comme vous le défendez, cet Ali Baba !... Si l'on était
médisant, ce serait à croire que...

MORGIANE

Que ?...

SALADIN

Que vous l'aimez, donc !

MORGIANE

Moi !... Mais certainement que je l'aime !... Et de tout mon
cœur encore !...

SALADIN

Ah ! s'il voulait vous céder... aucun sacrifice ne me coûte-
rait pour vous avoir !

MORGIANE

Vous êtes donc riche ?

SALADIN

Non, mais j'ai quelques économies... C'est moi qui suis
chargé de la caisse !... Comme mon oncle ne me donne pas
d'appointements, moi, je gratte... Tous les mois, je me fais
ma petite part dans les bénéfices. . C'est tout naturel, n'est-
ce pas ?...

MORGIANE, risant.

Vous trouvez ?

SALADIN, *vivement*.

Oui, je trouve... oui je trouve,... car je tiens à m'établir le plus tôt possible.

MORGIANE

Comme négociant?

SALADIN

Non ! pas comme négociant... J'aurais trop peur d'être volé ! Comme mari !... Tenez, Morgiane, je vais vous confier un secret... que vous avez deviné, je le parierais.

Duo

MORGIANE

Voyons ! qu'avez-vous à me dire?

SALADIN

Cruelle ! Vous le savez bien !

MORGIANE

Non, Saladin !

SALADIN

Vous savez bien de quel martyre,
Souffre mon cœur, jadis serein?

MORGIANE

Non, Saladin !

SALADIN

Regardez-moi là, bien en face;
Dans mes yeux ne lisez-vous rien?

MORGIANE

Non, Saladin !

1.

SALADIN

Alors, il faut que je vous fasse
Un aveu plus clair et certain !

MORGIANE

Oui, Saladin !
Oui, Saladin !

SALADIN

Eh bien ! méchante,
Oyez ! oyez !
Et, je m'en vante,
Vous frémirez !

Romance.

1

Cela m'a pris au clair de lune,
Un soir que je n'y pensais pas ;
Je me promenais à la brune,
Quand je vous vis devant mes pas !
Hélas ! depuis ce soir néfaste,
Je pâlis, je deviens à rien,
Un mal ignoré me dévaste,
Je n'ai plus soif, je n'ai plus faim !...

Lorsqu'un jeune homme a le front blême,
L'œil indécis, l'esprit de même,
Et, lorsqu'à l'heure des repas,
Il ne mange pas, ne boit pas,
Morgiane ! on ne s'y trompe pas :
       C'est qu'il aime !...

2

Je sens dans ma pauvre cervelle,
Un trouble fort inusité,
Je confonds le riz, la dentelle,
Les tapis de Smyrne et le thé !
Enfin, symptôme lamentable,
Qui vous arrachera des pleurs,

Ma caisse, autrefois impeccable,
A présent fourmille d'erreurs!...

Lorsqu'un jeune homme a le front blême
          Etc...

MORGIANE, passant.

Ah! ah! ah! c'est amusant!
Tout le monde m'en dit autant!

SALADIN

Moi, je ne suis pas tout le monde,
Et je pense ce que je dis.

MORGIANE

Alors, il faut qu'on vous réponde,
Je le vois, en termes précis :
Ni vous, ni lui, ni l'un, ni l'autre,
Ni celui-ci, ni celui-là,
A tout amoureux bon apôtre,
Je répondrai comme cela!

SALADIN

Ni moi, ni lui!

MORGIANE

                    Ni l'un, ni l'autre!

SALADIN

Ni celui-ci!

MORGIANE

              Ni celui-là!

SALADIN

Ah! quelle folie est la vôtre!
Qui sait ce qu'il arrivera?

MORGIANE

A celui seul qui me plaira,
Un jour, je pourrai bien rendre,
Mais mon cœur est encore à prendre,
Et bien malin qui le prendra !

ENSEMBLE

Ni vous, ni lui }
Ni moi, ni lui } etc.

SALADIN

Cependant, Morgiane, je ne respire que pour vous !... Ah ! si vous consentiez à être mon épouse !... Ce n'est pas nous qui passerions nos journées à nous disputer, comme mon oncle et sa femme !... Il faut dire qu'elle n'est pas commode, ma tante Zobéide. A propos de tout... et même à propos de rien, elle griffe mon pauvre oncle comme une chatte ou elle pince comme un homard ! (On entend se disputer au dehors.) Tenez ! on se dispute ?... C'est mon oncle et ma tante !... Qu'est-ce que je vous disais ?.. Qu'ils ne nous trouvent pas ensemble, ou cela retomberait sur nous !...

MORGIANE

Je me sauve !...

SALADIN

Et moi je cours à mes écritures....

(Morgiane sort du magasin, Saladin s'éloigne par la gauche.)

SCÈNE III.

CASSIM, ZOBÉIDE (Ils arrivent par la droite, en se disputant.)

CASSIM

Non ! non ! non ! Vous savez bien que je ne la confie à personne, la clef de ma caisse !

ZOBÉIDE

Eh bien... je la veux... je l'exige !... Donnez-la moi tout de
suite... ou sinon...

Couplets.

1

Vous avez la tête bien dure,
Mon cher époux !
Mais, moi, je l'ai, je vous assure,
Autant que vous !
Vous voulez toujours qu'on vous cède
En tout, sur tout !
Mais à la fin cela m'excède,
Je suis à bout !

A tout ce que l'on vous demande
Il faut toujours qu'on vous entende
Répéter la même chanson :
Non ! non ! non ! non !

A mon tour, j'aurai ma chanson :

(Le pinçant.)

La chanson
Du pinçon !

2

Je vous ai dit avec tendresse :
Donnez la clé,
La petite clé de la caisse,
Mon bien-aimé !
Vous me la refusez, j'enrage
Du procédé !
Je change à présent de langage
Je veux la clé !...

(Voyant qu'il ne répond pas.)

A tout ce que l'on vous demande
Etc...

CASSIM

Si vous croyez que je ne soupçonne pas quelles sont vos
intentions !... J'ai de bons yeux, madame.

ZOBÉIDE

J'aimerais mieux qu'ils fussent moins bons... et plus beaux !

CASSIM

Gouaillez, madame... gouaillez à votre aise ! Je vous ai devinée.

ZOBÉIDE

Eh bien ! oui... là... Je voulais prendre la somme que vous doit mon pauvre cousin Ali Baba, contre lequel vous vous acharnez !... Votre argent n'aurait donc pas été longtemps hors de votre caisse !

CASSIM

Jolie façon de l'y faire rentrer !... Non ! non ! Ali Baba me doit quinze sequins pour deux termes échus et celui à échoir... Il me payera aujourd'hui même... ou, avant la fin de la journée, tout ce qu'il possède sera vendu !...

ZOBÉIDE

Tenez !... vous n'êtes qu'un vieil avare ! Ah ! j'ai été joliment trompée, le jour où j'ai accepté d'être votre femme... Je ne voulais pas... C'est maman qui m'a dit : Épouse-le... Il a une mauvaise santé... il ne t'ennuiera pas longtemps.

CASSIM, furieux.

Ah ! votre mère vous a dit !... Ah ! je ne suis qu'un vieil avare !... Eh bien ! vous, madame, savez-vous ce que vous êtes ?... Vous êtes une coquette !...

ZOBÉIDE

Une coquette, moi !...

CASSIM

Certainement... A preuve que dans les premiers temps de notre mariage, je ne pouvais pas garder un seul commis, tant vous leur faisiez les yeux doux !

ZOBÉIDE

Oh! (Elle se jette sur lui et le griffe.)

CASSIM

Griffe... mais écoute!... Non!... pas un seul! Jusqu'à ce petit Zizi, qui n'était pas bien beau, pourtant... et à qui vous laissiez manger toutes mes dattes!

ZOBÉIDE

Me reprocher ma bonté d'âme!... Je vous ai dit cent fois que le médecin lui avait recommandé ce fruit pour ses bronches!

CASSIM

Ses bronches!... Comme s'il en avait!... Je l'ai mis à la porte, ce Zizi! Et il aurait mal tourné, ce garçon-là, que j'en serais médiocrement surpris!...

ZOBÉIDE, ne se contenant plus.

Ah! c'en est trop. (Elle va pour le regriffer.)

CASSIM, voyant Ali paraître au fond.

Quelqu'un! Rentrez vos griffes, je vous prie.

SCÈNE IV.

CASSIM, ALI, ZOBÉIDE

Trio.

ALI BABA

Cousin Cassim!

ZOBÉIDE, à part.

Ali Baba!

CASSIM

Ah ! quelle surprise est-ce là !
C'est le cousin Ali Baba !

ALI BABA

Air.

Oui, je suis ce pauvre homme
Qu'on nomme Ali Baba,
Qui vit sans savoir comme
A la grâce d'Allah !
Oui ! je suis ce pauvre homme
Qu'on nomme Ali Baba !

Bûchant sans relâche,
Trimant et soufflant,
Je suis à la tâche,
Dès le jour naissant.
Avec ma cognée,
Sans aucun repos,
Toute la journée,
Je fais des fagots.
Mais, le sort me triche,
Pauvre Ali Baba !
Comment être riche,
A ce métier-là ?

ENSEMBLE

ALI BABA	ZOBÉIDE, CASSIM
Oui, je suis ce pauvre homme Qu'on nomme Ali Baba, Etc...	Oui, voilà ce pauvre homme Qu'on nomme Ali Baba, Etc...

CASSIM, d'une voix aimable.

Cousin Ali, dites-moi vite
Ce qui me vaut votre visite !

ZOBÉIDE, à part.

Le gueux ! comme s'il l'ignorait !

ALI BABA

Or donc, voici le fait :
Pour le loyer de ma pauvre masure,
Malgré des efforts surhumains,
Cousin, par fâcheuse aventure,
Je vous redois quinze sequins.

CASSIM, jouant l'étonnement.

Quinze sequins ! La dette est aussi forte ?

ALI BABA

Et le cadi m'informe, ce matin,
Que, si, ce soir, le tout n'est pas éteint,
De mon logis on me met à la porte.

CASSIM

Si le cadi l'a dit,
Il a, ma foi bien dit,
Et je dois dire comme lui.

ALI BABA

Quinze sequins, pour un pauvre homme,
C'est une somme ;
Et pour vous, ce n'est rien.

CASSIM

Rien !

ZOBÉIDE, appuyant.

Rien !

CASSIM, prenant le milieu.

Ah ! vraiment, vous en parlez bien !
Quinze sequins et puis quinze font trente ;
Et c'est ainsi, c'est ainsi qu'on augmente,
Sequin par sequin
Son saint-frusquin.

ALI BABA et ZOBÉIDE, à part.

Ah ! le coquin !
Ah ! le faquin !
Ah ! le requin !

ALI BABA

Un mois encore, veuillez attendre !

ZOBÉIDE

Voyons, Cassim, il faut l'entendre.

ALI BABA

Cousin Cassim, le temps est dur,
Ayez un peu de patience,
Je vous payerai, soyez en sûr,
Avec reconnaissance !

CASSIM, l'imitant.

Cousin Ali, le temps est dur
Pour moi comme pour vous, je pense !
Payez d'abord, c'est bien plus sûr
Que la reconnaissance !

ZOBÉIDE, indignée.

Eh ! quoi ! vous refusez d'obliger un cousin !

CASSIM

Un cousin ! Un cousin ! Laissez là ce refrain !
Ce n'est plus un cousin, ce n'est qu'un locataire ;
Et, quand on vient chez lui sans argent dans la main,
Il n'est pas de parents pour un propriétaire !

ZOBÉIDE

Ainsi, vous n'écouterez rien ?

CASSIM

Rien !

REPRISE ENSEMBLE

Quinze sequins et puis quinze font trente.
Etc...

ALI BABA et ZOBÉIDE, à part,

Ah ! le coquin !
Ah ! le faquin !
Ah ! le requin !

CASSIM

Croyez, mon cher Ali, que je suis tout à fait désolé... Mais je vous demande pardon, les affaires me réclament et vous savez... *Time is money*... comme nous disons, nous autres Orientaux... Venez Zobéide !

ZOBÉIDE, à part.

Mon pauvre cousin !... (A Cassim, en s'en allant avec lui.) Oh! oui ! vous n'êtes qu'un vieil avare !... Une vieille barbiche !

CASSIM

Ne pincez pas ! Ne griffez pas !...

(Ils sortent par la droite. On entend dans la coulisse le bruit d'un soufflet.)

ALI, resté seul.

Il a été sans pitié, comme je m'y attendais... Enfin ! Allons travailler... et qu'Allah me protége...

(Il sort.)

CHANGEMENT

DEUXIÈME TABLEAU

LA FORÊT

Une sorte de carrefour dans une forêt. A droite, en pan coupé, un grand rocher garni d'épaisses broussailles. A gauche, deuxième plan, un arbre praticable.

SCÈNE PREMIÈRE.

Au changement, la scène est vide, puis la voix d'ALI BABA se fait entendre.

ALI BABA, de dehors.

Noureddin... Allons, Noureddin, viens, mon ami ! (Il paraît par le fond à gauche, tirant un âne qui refuse d'avancer.) Là !... Nous sommes arrivés... Tiens, de ce côté j'aperçois quelques chardons... Tu vas déjeuner en m'attendant. (Il mène l'âne à gauche.) Bon appétit, Noureddin ! (Il revient en scène avec sa cognée et un sac d'outils.) Et moi, à l'ouvrage !... (Avec découragement.) A l'ouvrage ! C'est à peine si j'aurai la force de faire deux ou trois malheureux fagots... A quoi bon me fatiguer ! Quand j'en ferais vingt, des fagots... Quand j'en ferais cent... je serais bien avancé !... Est-ce avec ça que j'empêcherai Cassim de faire vendre aujourd'hui tout ce que je possède ?... Je suis un sot de m'acharner ainsi à une existence si misérable, quand il ne me faudrait qu'une ou deux minutes de courage pour en être débarrassé... Justement, j'ai là de la bonne corde, bien solide.

Air et Duo.

Allons ! qu'une branche propice
M'aide à partir — où l'on s'en va !
Accomplissons le sacrifice :
Adieu, mon pauvre Ali Baba !
Serrons le nœud, afin qu'il tienne

Et point ne me laisse en chemin !
Serrons-le bien, et que ma peine,
Grâce à lui, finisse soudain...

Allons ! qu'une branche propice
Etc...

(Il s'apprête à attacher la corde à une branche. Morgiane paraît et l'aperçoit.)

SCÈNE II.

ALI, MORGIANE

MORGIANE

O ciel ! qu'ai-je vu ?

ALI, à part,

C'est Morgiane !
Tâchons de tromper sa douleur.

(Haut, jetant la corde dans la coulisse.)

Ma chère enfant, de ce platane
J'allais mesurer la hauteur.

MORGIANE

Non ! non ! Dans vos yeux j'ai su lire
Et mon cœur ne s'y trompe pas !

ALI

Eh bien ! c'est vrai ! De mon martyre,
A la fin, je suis las !

ENSEMBLE

ALI	MORGIANE
Oui ! je suis sans courage !	Maître ! prenez courage !
C'est trop longtemps souffrir !	Il faut savoir souffrir !
Et, pour le grand voyage,	Peut-être, après l'orage,
Je suis prêt à partir !	Les beaux jours vont venir !

MORGIANE

Ah ! c'est Allah, sans doute,
Qui jusqu'à vous guida ma route !

ALI

A quoi bon ?

MORGIANE

Pour empêcher une sottise
Et vous faire entendre raison !

ALI

Non ! non ! Va-t-en ! Retourne à la maison !
Ma résolution est prise !

MORGIANE

Alors, la mienne aussi !

ALI

Comment ?

MORGIANE

A votre place
Je m'en vais travailler ici,
Puisque cela vous lasse.

(Prenant la cognée qu'Ali a laissée par terre et faisant mine
d'en frapper l'arbre.)

Chanson.

Hardi ! les bûcherons !
Qu'on frappe, qu'on tape, qu'on cogne !
Hardi ! les compagnons !
En chantant faisons la besogne !
Un gai refrain
Vous met en train,
Et fait oublier tout chagrin !

ALI, qui a relevé la tête en l'entendant.

Cette chanson !

MORGIANE

Lorsque j'étais petite,
Pour calmer mes chagrins d'enfant,
Bien souvent vous me l'avez dite.
C'est à mon tour d'en faire autant.
Avec moi répétez-la vite...

Hardi ! les bûcherons !

ALI, continuant malgré lui.

Qu'on frappe, qu'on tape, qu'on cogne !

ENSEMBLE

Hardi ! les compagnons !
En chantant faisons la besogne !
Un gai refrain
Vous met en train
Et fait oublier tout chagrin !

MORGIANE

A la bonne heure, maître !... A présent vous allez jurer sur
le Coran de ne pas recommencer.

ALI

Soit ! je te le promets !...

MORGIANE

Fi ! que c'est vilain, ce que vous alliez faire là... Ainsi,
vous n'avez pas même pensé à moi !...

ALI

A toi ?...

MORGIANE

Oui, à moi, votre servante, votre esclave, que vous alliez
laisser seule au monde... Que serais-je devenue, sans vous ?

ALI

Tu aurais trouvé un autre maître, un plus riche... ce qui
n'est pas difficile... et qui t'aurait rendue plus heureuse...

MORGIANE

Un plus riche !... En effet, c'est facile à trouver ! mais un meilleur... je n'en connais pas dans tout Bagdad, ni dans les environs. Croyez-vous que j'aie oublié ce que vous avez fait pour moi !... C'était il y a une douzaine d'années... Vous veniez de toucher votre part de l'héritage paternel... Oh ! ce n'était pas une grande fortune !... Cinquante sequins, environ... Mais cela assurait pour quelque temps votre existence... En passant sur la grande place, vous aperçûtes un marchand d'esclaves qui rudoyait une petite fille dont personne ne voulait, tant elle était chétive et laide. Ému de pitié vous lui proposâtes de l'acheter et tout ce que vous possédiez y passa, car le marchand abusa de votre bon cœur pour la vendre bien plus cher qu'elle ne valait... Oh ! non, maitre, je n'oublierai jamais cela.

ALI

Allons, Morgiane ! puisque je t'ai promis.

MORGIANE

Pas promis ! juré !... Et sur le Coran ! Dites : sur le Coran, autrement je ne serais pas tranquille.

ALI

Sur le Coran, là !... A présent, tu peux me laisser travailler sans crainte !... Je me sens en train ; il me semble qu'Allah me protégera...

MORGIANE

Je l'ai tant prié, depuis ce matin, qu'il faudrait qu'il fût tout à fait sourd pour ne pas m'avoir entendue... Bon courage, maitre !...

(Elle sort en fredonnant les premiers vers de la chanson.)

Hardi ! les compagnons !
Etc...

SCÈNE III.

ALI, seul.

La brave fille ! Mettons-nous vivement à la besogne ! (Allant
à l'arbre où il voulait se pendre.) C'est à cet arbre que je voulais
me pendre ! c'est par celui-là que je vais commencer ! (Il lève
sa cognée. À ce moment, bruit dans la coulisse.) Hein ?... Ce bruit...
Qu'arrive-t-il ?... (Prêtant l'oreille.) On dirait le pas de plusieurs
chevaux... Ils se dirigent de ce côté... (Regardant à gauche.) Et
Nourredin qui tremble de tous ses membres... Aurait-il deviné
quelque chose d'inquiétant ?... Si c'étaient ces fameux voleurs
dont on parle tant !... (Riant.) Suis-je bête d'avoir peur !...
Qu'est-ce qu'ils pourraient me prendre ? Ah ! mais si, au fait...
ils pourraient me prendre Noureddin ! (Regardant de nouveau à
gauche.) Non ! le voilà qui se cache dans les broussailles...
Ma foi ; je vais faire comme lui... (Grimpant dans l'arbre.) De là,
peut-être, je pourrai voir... Oui... Oh ! il n'y a pas de quoi
tant s'effrayer... ils ne sont que trois... Par exemple, ils ont
de bien vilaines figures !...

SCÈNE IV.

ALI, caché, KANDGYAR, ZIZI, MESROUR

ZIZI

Ah ! que c'est bon de marcher un peu !... J'en avais assez,
du cheval... Et vous, capitaine ?

KANDGYAR

Moi aussi !... Depuis ce matin que nous sommes en selle !
(Il s'assied sur un quartier de roc.)

MESROUR

Je suis brisé... (A Zizi.) Passe-moi donc la gourde, Zizi...

KANDGYAR, à Zizi.

Contient-elle encore un peu de cet excellent vin ? Celui que je préfère ?

ZIZI

Oui, capitaine... De ce vin que je prends, sans qu'il s'en doute, dans les caves de mon ancien patron Cassim.

KANDGYAR, riant.

Notre fournisseur habituel de liquides !

ZIZI

Le vieil avare ne doit pas trouver que notre pratique lui rapporte grand' chose !... Nous prenons tout chez lui... gratis !... Ah! c'est égal! Il y a tout de même certains moments où je regrette de ne plus être son employé !... A cause de sa femme, que j'aimais beaucoup... Et de ses dattes... que j'aimais encore davantage ! C'est même pour cela, qu'un beau jour, il m'a flanqué à la porte !... Alors je vous ai rencontré, capitaine...

KANDGYAR

Et tu es devenu des nôtres...

ZIZI

Vous avez daigné me prendre en amitié et faire de moi comme qui dirait votre lieutenant !... votre factotum ! C'est moi que vous chargez de découvrir les bonnes affaires !

KANDGYAR

Et tu mérites cet honneur... à en juger par l'expédition que tu as préparée pour aujourd'hui !...

ZIZI

L'attaque de cette riche caravane... Quelle merveilleuse aubaine, si nous réussissons !

MESROUR

Et nous réussirons.

KANDGYAR

Je l'espère!... Oui, tu serais un brigand modèle... si tu n'avais pas l'âme un peu trop sensible !

MESROUR

En effet! La vue du sang te fait évanouir !

ZIZI

Pour ça... c'est vrai que j'ai l'âme d'une sensitive !... Pour voler, je ne demande pas mieux !... C'est si naturel !... Mais verser le sang, je l'avoue à ma honte, ça me répugne toujours un peu !

MESROUR

Femmelette, va !

KANDGYAR, se levant.

Je trouverai quelque moyen de te guérir de ce défaut là ! Mais, l'heure s'avance ! Il faut prévenir les camarades et nous remettre en route !...

MESROUR

Allons !

ZIZI

Aux affaires sérieuses maintenant !

KANDGYAR, s'approchant du rocher.

Sésame, ouvre-toi !

(Musique. — Le rocher s'ouvre et démasque l'entrée d'une caverne.)

ALI BABA, dans l'arbre, à part.

Par Allah ! Qu'est-ce que je vois ?

SCÈNE V.

ALI BABA, caché, **ZIZI, KANDGYAR, MESROUR**, Voleurs

(Marche à l'orchestre, pendant la sortie des voleurs. L'entrée de la caverne
se ferme à la sortie du dernier.)

Morceau d'ensemble

CHŒUR

Nous sommes quarante,
Quarante voleurs,
Semant l'épouvante
Chez les voyageurs !
De notre retraite
Lorsque nous sortons,
Pour nous mettre en quête
Par vaux et par monts,
Jamais la main nette
Nous ne revenons
Et, la chose faite,
Vite nous rentrons !. .

Nous sommes quarante,
Etc...

KANDGYAR

Or donc, mes bons amis, sachez que, dans une heure,
Le pacha de Mossoul doit passer par ici,
Se rendant à la Mecque et quittant sa demeure
Avec tous ses trésors et ses femmes aussi !

TOUS

Et ses femmes aussi !
La bonne aubaine que voici !

Couplets.

ZIZI

1

Il est fort riche, le pacha,
Et son bagage est magnifique ;

Il possède, à ce qu'on m'indique,
De l'or bien plus haut que cela !...

TOUS

Ah ! par Allah !
Le brave homme que ce pacha !

ZIZI

2

Il n'est plus jeune, le pacha,
Et ses femmes sont ravissantes :
Pour nous elles seront charmantes
Car il ne leur dit jamais ça !..

TOUS

Ah ! par Allah !
Le brave homme que ce pacha !

ZIZI

3

Bref, il est poltron, le pacha,
Et ne saura pas se défendre.
Aussi, nous n'aurons qu'à le prendre,
Sans plus de peine que cela !...

TOUS

Ah ! par Allah !
Le brave homme que ce pacha !

KANDGYAR

Sans bruit mettons-nous en route !
L'œil aux aguets
Soyons muets
Et que personne ne se doute
De nos projets !

2.

REPRISE

Nous sommes quarante...
Etc...

(Les voleurs sortent lentement, s'éparpillant dans toutes les directions.)

SCÈNE VI.

ALI BABA, seul; il sort de sa cachette, pouvant à peine parler.

Ah! les scélérats!... Heureusement qu'ils ne nous ont pas aperçus, Noureddin et moi!... Dire que j'ai passé plus de cent fois par ici, sans jamais me douter... (Regardant le rocher.) Doit-il y en avoir, des trésors, là dedans!... Et le chef qui, pour qu'elle s'ouvre, n'a qu'à prononcer ces trois mots : Sésame ouvre-toi ! (Musique : la grotte s'ouvre.) Hein !... Mais elle s'ouvre aussi devant moi! (Se penchant vers l'entrée de la caverne.) Oh! que de richesses il y a là... Et dire qu'il me suffirait d'entrer dans cette caverne pour être puissant jusqu'à la fin de mes jours !... Après tout, ces richesses ne leur appartiennent pas, à ces voleurs... Allons ! Pas de scrupules inutiles et entrons... Attends-moi, Noureddin... Tout à l'heure j'aurai besoin de toi...

(Il entre dans la caverne, qui se referme derrière lui.)

CHANGEMENT.

TROISIÈME TABLEAU

UNE PLACE DE BAGDAD

À droite, premier plan, la masure d'Ali Baba. À gauche, les der-
rières de la maison et des magasins de Cassim. Les autres plans
sont occupés par d'autres maisons se continuant en perspective.

**Gens de justice, Hommes et Femmes du Peuple, Bourgeois,
Bourgeoises**

(Au changement, des gens de justice entrent en scène et posent des
affiches sur la masure d'Ali. D'autres sortent de la masure une table, des
chaises boiteuses, et divers ustensiles en mauvais état.)

CHŒUR

Dans un instant l'on vendra
Le mobilier d'Ali Baba :

(Rient ironiquement.)

Ah ! ah ! ah ! ah !
Voyez cela !
Voyez cela !
La belle vente que voilà !
Avec ce que ça produira,
Voyez cela !
Voyez cela !
Pour sûr, le vendeur ne saura
Que faire de cet argent-là !
Ah ! ah ! ah ! ah !
Voyez cela !
Voyez cela !
Dans un instant l'on vendra
Le mobilier d'Ali Baba !

SCÈNE II.

Les Mêmes, CASSIM, ZOBÉIDE

CASSIM, *voyant les meubles dehors.*

Très bien ! Parfait !... Je tiens à voir par moi-même si tout se passe bien...

ZOBÉIDE, *arrivant derrière lui.*

Cassim ! Écoutez-moi !.. Jusqu'au dernier moment je m'étais imaginé que vous plaisantiez... que c'était pour me faire enrager que vous parliez de faire vendre les quelques meubles de mon pauvre cousin... Mais jamais je n'aurais cru...

CASSIM

A votre tour, écoutez-moi, Zobéide ! Pas de scène en public, je vous prie ! Rien ne pourra me fléchir... Vous savez qu'en matière de sentiment.... je suis de roc.

ZOBÉIDE

Je ne le sais que trop !... Mais réfléchissez que cette vente ne produira seulement pas le quart de la somme qui vous est due par Ali Baba.

CASSIM

Peut-être !... Il y aura une surprise.

ZOBÉIDE

Une surprise !...

CASSIM

Je ne peux rien vous dire... mais je suis d'accord avec le cadi !... D'ailleurs, quand bien même cette vente ne produirait pas un sequin... elle me rapporterait toujours la satisfaction d'être débarrassé d'Ali... et de rentrer en possession de mon immeuble.

ZOBÉIDE

Une bicoque pareille !

CASSIM

Une bicoque ! soit !... Mais sous laquelle s'étendent mes caves et dont j'ai besoin pour m'agrandir... (Regardant dans la coulisse.) Ah ! voici le cadi... Ce cher Maboul... mon ami intime !..

SCÈNE III.

Les Mêmes, MABOUL

MABOUL

Tout est prêt... Bien ! (Apercevant Cassim et Zobéïde). Ah ! c'est vous, Cassim... Adorable Zobéïde... mes respects et mes hommages !... Nous allons procéder à la vente de ce pauvre Ali Baba... N'est-il pas votre cousin, seigneur Cassim ?

CASSIM

Oh ! oh ! mon cousin... à la mode de Constantinop'e !

ZOBÉÏDE

Mais non... mais non !

CASSIM

Assez, Zobéïde, je vous prie ! (Zobéïde le pince.) Aïe !

MABOUL

Qu'est-ce donc ?

CASSIM

Un élancement.

MABOUL

C'est le temps qui va changer... Mais en parlant de temps... je n'ai que celui de procéder.

ZOBÉÏDE

Je n'ai pas le courage d'assister à cette abomination... Au revoir, seigneur cadi... Au revoir ! (Elle sort.)

SCÈNE IV.

Les Mêmes, moins ZOBÉIDE

MABOUL

Voyons ! Je commence ! Vous tous qui m'écoutez, apprenez que, par extraordinaire et pour cette fois seulement, moi, Maboul, votre bien-aimé cadi, je daignerai présider à la vente du superbe mobilier que vous voyez là !... J'espère que, vu cette circonstance exceptionnelle, vous vous empresserez de couvrir d'or ces objets luxueux !...

TOUS, riant.

Ah ! ah ! ah !

MABOUL

Cette chaise d'abord... Regardez cette chaise !... Elle est en bois, jadis blanc et recouverte d'une magnifique tapisserie ancienne... A combien cette chaise sans pareille ? Je dis sans pareille... parce qu'il n'y en a qu'une... Personne ne dit mot !... Passons à un autre objet ! Cette table... Ah ! cette table mérite toute l'attention des connaisseurs ! Elle n'a que trois pieds, je le reconnais ! Mais quels pieds ! Des pieds à se mettre à genoux devant... A combien la table ?

(Silence général.)

CASSIM, bas à Maboul.

Ça ne va pas fort !

MABOUL, bas à Cassim.

Peut-être que si elle avait quatre pieds... ça marcherait mieux.

CASSIM

Je crois qu'il faudrait en arriver tout de suite à la surprise !...

MABOUL, *bas.*

Vous avez raison ! (*Haut.*) Habitants de Bagdad, puisque ce mobilier ancien... (*A part.*) trop ancien même... (*Haut.*) ne paraît pas de votre goût, je vais offrir à vos regards quelque chose qui va vous mettre l'eau à la bouche. (*Aux gens de justice.*) Qu'on aille chercher Morgiane !... Nous allons la mettre en vente... (*Les gens de justice entrent dans la maison. — Murmures de satisfaction de la foule.*)

SCÈNE V.

LES MÊMES, SALADIN

SALADIN, *perçant la foule.*

Qu'est-ce que j'entends là ?

CASSIM, *à Maboul, sans voir Saladin.*

Ça va chauffer !

MABOUL

En effet ! voyez plutôt ces vieux-là !

(*On voit quatre vieux essayer les verres de leurs lunettes.*)

SALADIN, *à part.*

Quelle chance ! J'ai justement sur moi mes petits bénéfices du mois dernier... Si je pouvais acheter Morgiane !...

SCÈNE VI.

LES MÊMES, MORGIANE

Finale.

MORGIANE

Ô ciel ! que me veut-on ? Je suis toute tremblante !

LE CADI, à la foule.

Approchez et voyez ! Nous allons mettre en vente
Une perfection, une perle, un trésor,
Que les vrais amateurs voudront tous couvrir d'or !

(Les vieux Turcs mettent leurs lunettes.)

MORGIANE

Hélas ! qu'entends-je ! être vendue !
Quitter Ali ! Je suis perdue !
Non ! non ! prenez pitié de moi !
De grâce ! voyez mon effroi !

CHOEUR DES VIEUX, l'examinant.

Charmante tournure !
Aimable figure !
Quels bras ! quels cheveux !
Quels pieds et quels yeux !
Et ces lèvres roses !
Et puis tant de choses !
Voilà sur ma foi,
Un morceau de roi !

MORGIANE

Quoi ! mes larmes ne vous font rien !
Eh bien ! avant que l'on me vende,
Je veux, du moins, que l'on m'entende
Et que l'on me connaisse bien !

Couplets.

I

Vous allez, et j'en suis fière,
Quand va commencer l'enchère,
A grand prix vous disputer
Tous l'honneur de m'acheter...
Mais, d'abord, veuillez m'en croire,
Pour éviter tout déboire,
Ecoutez, mes bons amis,
Ecoutez bien un avis :

C'est que mon humble personne
Ne se vend pas, mais se donne !...

Aussi je ne vous dis que ça,
Malheur à qui m'achètera !
          Il en verra,
          Il en verra
Tant et tant, que, pour sûr, il s'en repentira !

2

Vous me trouvez très charmante
Et chacun me complimente ;
Mais, au fond, sachez-le bien,
Je vaux un peu moins que rien.
Je n'ai pas bon caractère,
Je fais ce que je veux faire
Et le maître qui m'aura
A ses dépens le saura,
Car, voyez-vous, ma personne
Ne se vend pas mais se donne...

Aussi, je ne vous dis que ça,
          Etc...

LES VIEUX, se rapprochant.

Charmante tournure !
Aimable figure !
Voilà, sur ma foi,
Un morceau de roi !

MORGIANE

Toi qui vois mes alarmes,
Allah ! protège-moi !
Prends pitié de mes larmes,
Je n'espère qu'en toi !

MABOUL

Je commence la vente :
Deux cents sequins !

SALADIN

Deux cent cinquante !

3

UN VIEUX

Trois cents !

SALADIN

Trois cent cinquante !

MORGIANE

Allah ! protège-moi !

MABOUL

J'adjuge !...

SCÈNE VII.

LES MÊMES, ALI

ALI, arrivant par le fond.

Un instant ! qu'on arrête !

TOUS

C'est Ali Baba !

ALI

J'achète
Mille sequins, l'esclave que voilà !
(Morgiane pousse un cri de joie et court se réfugier auprès de lui.)

TOUS

Mille sequins ! il perd la tête !
Comment payer pareille emplette ?
Il devient fou, c'est évident.

ALI, jetant une bourse au cadi.

Et, comme il faut payer comptant,
Tenez, cadi, voici l'argent !

TOUS

Notre surprise est sans pareille !
Ali Baba roulant sur l'or !
C'est un miracle, une merveille :
D'où peut lui venir ce trésor ?

ALI, à part.

Oui, leur surprise est sans pareille
De me voir ainsi jeter l'or !

MORGIANE, de même.

Hélas ! je ne sais si je veille
Et je ne puis y croire encor !

REPRISE

Notre surprise est sans pareille
Etc...

CASSIM

Un instant !... Je vous somme,
Cousin Ali,
D'expliquer au cadi
D'où vous vient cette somme,
A vous qui, ce matin,
N'aviez pas un sequin !

TOUS

Oui ! oui ! d'où lui vient cette somme ?

ALI

A vous répondre je suis prêt !
(En riant.)
Elle me vient d'un bienfaiteur discret,
Qui défend qu'on le nomme !

TOUS

Un bienfaiteur discret !

CASSIM, à part,

Un bienfaiteur secret !
Quel soupçon !... si c'était...
Si c'était Zobéide !
Ah ! je punirais la perfide !

ALI, allant à lui,

Cousin Cassim, me voilà dégagé,
Je vous paye et, de plus, je vous donne congé.
(Se tournant vers la foule.)
Et maintenant, amis, je veux faire largesse ;
Profitez tous de ma richesse ;
Partagez-vous tout cet or que voilà !
(Il jette des poignées d'or.)

TOUS

Vive Ali Baba !

ALI

Couplets

1

Ali Baba n'était, naguère,
Qu'un simple gueux, un pauvre hère.
Maintenant, c'est bien différent,
Dans sa poche il a de l'argent,
Aussi chacun le considère !

CHOEUR

Vive, vive Ali Baba !
Il est plus riche qu'un pacha.
Vive, vive Ali Baba !
Ah ! le brave homme que voilà !

ALI

2

Quand il était dans la misère,
Le pauvre Ali ne pouvait plaire ;
Maintenant, c'est bien différent,
Dans sa poche il a de l'argent,
Aussi le voilà populaire !

CHOEUR

Vive! vive Ali Baba!
        Etc...
(Tout le monde s'empresse autour d'Ali, qu'on fait asseoir sur une table
et qu'on porte en triomphe.)

RIDEAU

ACTE II

QUATRIÈME TABLEAU

LA MASURE

L'intérieur de la masure d'Ali Baba. Au milieu, une table avec
un vieux tapis usé. Porte au fond, portes à droite et à gauche.
(Tout petit décor.)

SCÈNE PREMIÈRE.

MORGIANE seule, puis ALI

MORGIANE

Je me demande encore si tout ce qui nous arrive n'est point
un rêve!... Tout à l'heure, après cette vente qui m'a fait si
grand'peur, car je croyais bien être séparée de lui pour toujours, Ali m'a dit : « Rentre dans notre masure et attends-moi...
Je ne tarderai pas à venir te rejoindre. » Il a oublié de me
parler de son déjeuner... (La porte s'ouvre Ali paraît ; il est magnifiquement vêtu) Hein ?... Quel est ce seigneur ?... Que demandez-
vous ?

ALI, riant.

Eh ! quoi, Morgiane, tu ne reconnais pas ton maître ?

MORGIANE

Vous !... oh ! les magnifiques habits !... Êtes-vous beau, ainsi !...

ALI, riant.

C'est pour cela que tu ne me reconnaissais pas !

MORGIANE

Pouvez-vous croire ?.. Même quand vous étiez si mal vêtu, je vous ai toujours trouvé... (Elle hésite.)

ALI

Vraiment ?...

MORGIANE, vivement.

Mais, contez-moi vite ce qui vous est arrivé depuis ce matin ! Quelle est la fée bienfaisante ?... car ce ne peut être qu'une fée qui, en si peu de temps...

ALI

Un peu de patience, Morgiane ; tout à l'heure, je te dirai tout... Auparavant, cours bien vite chez le changeur qui est au coin de notre rue, et emprunte-lui ses balances et des mesures...

MORGIANE, étonnée.

Ses balances ?

ALI

Ne cherche pas à comprendre, et obéis.

MORGIANE

J'y vais ! (Se dirigeant vers le fond.) Mais ce doit être bien sûr quelque bonne fée.

(Elle sort.)

SCÈNE II.

ALI, puis ZOBÉIDE

ALI

Elle n'a peut-être pas tout à fait tort... Oui, c'est sans doute quelque génie bienfaisant qui, ce matin, a dirigé mes pas vers cette caverne. (Regardant autour de lui.) Ah ! comme c'est vilain ici ! On a beau dire qu'on n'est bien que chez soi... Il me tarde de n'y plus être... chez moi !...

ZOBÉIDE, entrant vivement.

Ali... mon cher Ali... (Voyant ses vêtements.) Pardon, seigneur... Je me trompe... mais non?... C'est bien vous !...

ALI

C'est bien moi !

ZOBÉIDE

Alors, ce que vient de me conter Cassim ?... Ce changement de situation... Cet argent qui vous est tombé on ne sait d'où... Tout cela n'est pas un conte?... Tout d'abord, j'ai cru que Cassim voulait se moquer de moi... mais, comme, suivant son habitude, il m'a fait une scène épouvantable à votre sujet...

ALI

A mon sujet !

ZOBÉIDE

Sans doute ! Ne s'était-il pas avisé de croire que je vous avais donné en cachette l'argent nécessaire pour vous acquitter envers lui !

ALI

Ah ! cousine Zobéide !

ZOBÉIDE

Certainement, cousin Ali, si j'avais eu la clé de la caisse, je ne vous aurais pas laissé dans un si grand embarras...

ALI

Je connais votre cœur...

ZOBÉIDE

Pas assez, mon ami !... Vous ne le connaissez pas assez
mon cœur ! Je ne l'ai jamais mis entièrement à nu devant
vous...

ALI

En effet... mais...

ZOBÉIDE, avec abandon.

Ali !... Ali !... Vous savez, n'est-ce pas, que si ma famille
ne m'avait pas indignement sacrifiée, c'est à vous que j'ap-
partiendrais à cette heure !... Car nous nous aimions bien, autrefois... Nous courions dans la campagne ensemble... le
matin, au soleil levant... ou le soir... au clair de la lune... Vous
vous rappelez, cousin Ali ?

ALI

Au clair de la lune !... certainement, je me rappelle...

ZOBÉIDE, baissant les yeux.

Et le petit bois d'orangers ?...

ALI

Le petit bois d'orangers ?...

ZOBÉIDE

Oui !

Couplets

1

Vous souvient il du petit bois
Où tous deux, pleins de gentillesse,
Nous prenions nos ébats, parfois,
Aux jours heureux de la jeunesse ?

3

J'étais alors dans mon printemps,
Ma taille était légère et souple
Et nous formions un joli couple,
Dans la fraîcheur de nos quinze ans.

Ah ! quand j'y pense !
Ah ! c'est immense !
Ce qu'on peut courir de dangers,
Dans un petit bois d'orangers !...

2

Un jour surtout, souvenez-vous,
Nous y cueillîmes des oranges :
Il faisait chaud, autour de nous
Flottaient mille senteurs étranges...
Et je me dis, tremblant de peur :
« Que deviendrais-je, hélas ! pauvrette,
Si mon cousin, perdant la tête,
Au lieu du fruit, voulait la fleur ! »

Ah ! quand j'y pense !
Ah ! c'est immense !
Ce qu'on peut courir de dangers
Dans un petit bois d'orangers !...

ALI

Oui, je me rappelle... je me rappelle... Si j'avais été un peu plus entreprenant, cette fois-là...

ZOBÉIDE

Si vous aviez été un peu plus entreprenant, je crois bien que...

ALI

Il ne faut pas m'en vouloir ! J'étais si jeune !

ZOBÉIDE

C'est votre excuse !...

SCÈNE III.

LES MÊMES, CASSIM

CASSIM, entrant.

Cousin Ali ! (Apercevant Zobéide.) Vous ici, madame...

ZOBÉIDE, à part.

Mon mari ! on ne peut pas se remémorer tranquillement
ses souvenirs de jeunesse... (Haut.) Oui... je passais... Et alors,
apercevant notre cousin, j'ai voulu le complimenter... (Bas.)
Et tâcher de savoir d'où provient...

CASSIM, de même.

C'est bon !... Je ne vous accuse plus... (Haut.) Moi, je venais
dire à notre cousin que je lui en veux beaucoup...

ALI

A moi !...

CASSIM, insistant.

Beaucoup !... Comment !... vous avez besoin d'un léger service... qui ne coûte rien... et vous vous adressez à un autre
qu'à moi !... Vous m'avez fait de la peine, cousin Ali... énor-
mément de peine...

ALI

Comment cela ?...

CASSIM

Il n'y a qu'une minute, j'étais chez notre voisin le changeur, quand votre servante est venue, de votre part, emprun-
ter ses balances...

ALI, embarrassé.

Ah ! vous étiez là ?

CASSIM

Au lieu de me demander les miennes !... Aussi, je l'ai ren-
voyée bien vite en lui disant de passer chez moi et d'y prendre
ce que nous avons de mieux !...

SCÈNE IV.

Les Mêmes, MORGIANE, SALADIN

SALADIN, entrant avec Morgiane.

Voilà les balances et les mesures... J'ai tenu à les apporter moi-même pour éviter une peine à la charmante Morgiane.

MORGIANE, les lui prenant des mains.

Trop bon...

CASSIM

Et pendant ce temps-là personne ne surveille les magasins... Veux-tu t'en aller ?

SALADIN, à part.

Déjà !... Pas de chance !...

(Il sort vivement.)

ALI, à Cassim et à Zobéide.

Et maintenant, mon cousin et ma cousine...

CASSIM, bas à Zobéide.

Il nous renvoie !... (Haut.) C'est bien... Nous nous retirons..

ZOBÉIDE

A bientôt, cousin !... (Bas.) Nous reparlerons du bois d'orangers...

CASSIM, à Ali.

Sans indiscrétion... Qu'est-ce que vous avez donc à mesurer ?...

ALI, vivement.

Du grain... du grain, que j'ai acheté.

CASSIM

Ah ! très bien... (A part.) S'il croit me faire avaler son grain...
(Regardant le plancher.) Oh ! quelle idée !... Mes caves communi-
quent avec cette pièce... Je ne tarderai pas à savoir quel est
le grain que tu mesures !... (Haut.) Venez, Zobéide. (La tutinant.)
Ma charmante Zobéide.

ZOBÉIDE

Qu'est-ce que c'est !... Voilà que vous devenez aimable, à
présent !... Voulez-vous bien filer devant !...

CASSIM, s'en allant.

Pour une fois que ça m'arrive !...

(Zobéide sort derrière lui après avoir jeté un dernier regard à Ali, qui n'y
fait pas attention.)

SCÈNE V.

ALI, MORGIANE, puis CASSIM

MORGIANE, qui avait disparu à droite pendant la fin de cette scène, revenant.

Enfin ! ils sont partis !...

ALI

J'ai cru qu'ils ne s'en iraient pas !... Hein ! la curiosité !...
Les tenait-elle assez, la curiosité ?...

MORGIANE

Avouez qu'il y a de quoi... Et moi-même...

ALI, prenant les mesures apportées par Saladin.

Voyons ! En revenant de la forêt, c'est par là que je suis
rentré avec Noureddin et sa charge... (Il se dirige vers la gauche.)
Un peu de patience, Morgiane, tu vas tout savoir. (Il disparaît un
instant.)

MORGIANE.

Tout savoir !... Eh bien ! je n'en serai pas fâchée...

CASSIM, paraissant à une trappe qui se trouve sous la table.

Et moi, donc !...

ALI, revenant.

Nous sommes seuls ?...

MORGIANE

Tout à fait seuls.

CASSIM, à part.

Complètement seuls...

ALI, versant sur la table le contenu d'une des mesures.

Regarde !...

MORGIANE

Ah ! que vois-je ?...

CASSIM, à part.

Que voit-elle ?

MORGIANE

De l'or !...

CASSIM dont les yeux s'allument, à part.

De l'or !... (Ali verse le contenu de l'autre mesure.)

MORGIANE

Des bijoux !...

CASSIM, même jeu.

Des bijoux !...,

ALI

Et tu n'en vois pas la millième partie... Les paniers de
Noureddin sont pleins à déborder...

CASSIM, à part.

Miséricorde !

MORGIANE

Mais d'où viennent toutes ces richesses ?...

CASSIM, même jeu.

Oui !...

ALI

Tu te rappelles l'endroit où tu m'a laissé ce matin ?

MORGIANE

Le carrefour des grands platanes ?...

CASSIM, à part.

Le carrefour des grands platanes !

ALI

C'est cela même... Eh bien...

Trio

ALI

1

Ayant repris un peu courage,
Je commençais à travailler,
Quand, soudain, dans le voisinage,
Un grand bruit me vint effrayer.
Je choisis vite une cachette
D'où je vis, au bout d'un moment,
Des brigands qui, vers leur retraite,
Se dirigeaient secrètement.
Et leur chef, d'une énorme roche,
Qui se trouve au-dessous de moi,
Avec précaution s'approche,
En disant : Sésame, ouvre-toi !

MORGIANE

Sésame, ouvre-toi !

CASSIM

Sésame, ouvre-toi !

ALI

2

A ce spectacle, qui me plonge
Dans une indicible stupeur,
Je crois être l'objet d'un songe
Et ne puis réprimer ma peur...
Aussi, lorsque de leur demeure,
Tous les brigands furent partis,
Je voulus essayer sur l'heure
Le secret que j'avais surpris...
De la mystérieuse roche,
Tâchant de dompter mon émoi,
A mon tour, en tremblant, j'approche,
Et je dis : Sésame, ouvre-toi !

MORGIANE

Sésame, ouvre-toi !

CASSIM

Sésame, ouvre-toi !

ALI

Alors, j'entrai... Que de merveilles !
Quelles richesses sans pareilles !
De l'or ! des perles ! des rubis !

CASSIM, allumé.

De l'or, des perles, des rubis !

ALI

Des diamants et des bijoux de prix,
Des pierres précieuses,
Des étoffes soyeuses
S'offrent de tous côtés à mes yeux éblouis !

CASSIM, à part.

Voilà que je m'évanouis !

ALI

Ah ! quelle ivresse !
C'est la richesse
Qui s'offre à moi !
Sésame ! ouvre-toi !
Ce mot magique,
Prodige unique,
Met la fortune sous ma loi !

ENSEMBLE

Sésame ! ouvre-toi !
Ce mot magique,
Prodige unique !
Met la fortune sous $\begin{Bmatrix} ma \\ sa \end{Bmatrix}$ loi !

MORGIANE, remuant l'or et les bijoux à pleines mains.

Oh ! comme c'est beau ! comme c'est beau !...

(Par un faux mouvement, elle fait tomber quelques pièces d'or.)

ALI

Prends garde !... (En se baissant pour les ramasser, il rencontre la main de Cassim qui essayait de s'en emparer.) Hoin ?... (Le reconnaissant.) Cassim !...

MORGIANE

Qu'est-ce que vous faites là ?...

CASSIM

Moi ?... je... (Vivement.) J'étais en train de prendre des mesures pour l'agrandissement de mes sous-sols... Vous savez bien que je vous ai dit que j'allai m'agrandir.

ALI, inquiet.

Alors, vous avez entendu ?...

CASSIM, vivement.

Moi... Rien du tout !... J'arrive... Et même, je me dépêche
de m'en aller, parce qu'il y a là un gueux de courant d'air...
(A part.) Oh ! moi aussi, j'aurai ma part... (Il disparaît.)

ALI

Pourvu que, réellement, il n'ait rien entendu !... C'est qu'il
serait moins prudent que moi !... (Gaiement.) Allons, je renonce
à savoir le chiffre de ma fortune aujourd'hui et je vais déposer
tous ces trésors chez Hassan. le plus honnête des banquiers
de Bagdad, s'il en est un... Toi, tu viendras me rejoindre dans
une heure, au palais du sultan Schariar, que je viens d'acheter,
en même temps que je changeais de costume...

MORGIANE

Et ces meubles ?... Cette maison, où nous avons vécu si longtemps tous les deux ?...

ALI

J'espère bien que tu ne vas pas regretter cette masure et
ces ustensiles hors d'usage... J'en ferai présent au premier
pauvre que je vais rencontrer... Allons, à tout à l'heure...

(Il sort par la gauche, en emportant l'or et les bijoux.)

SCÈNE VI.

MORGIANE, seule.

MORGIANE

Oh ! si, je la regretterai, cette masure... J'y ai été si heureuse... Il me semble que ces vieux meubles sont des amis
que je vais quitter pour toujours... Enfin ! Allons vite prendre
là mes quelques vieilles hardes... Je veux les emporter, ne
fût-ce que comme souvenir.

(Elle sort par la droite. — Musique à l'orchestre.)

SCÈNE VII.

CASSIM, seul, reparaissant par la trappe.

Plus personne !... A merveille !... Je n'ai pas voulu sortir par mes magasins... Mon trouble aurait éveillé les soupçons de Zobéide... Pourvu que je n'aille pas oublier le mot magique... Sésame ! ouvre-toi !... Sésame ! ouvre-toi !... Sésame ! ouvre-toi !... (Donnant un coup de pied dans la porte.) Sésame ! ouvre-toi !...

(Il sort par le fond.)

CHANGEMENT A VUE

CINQUIÈME TABLEAU

LA CAVERNE DES VOLEURS

Une grande salle taillée dans le roc et éclairée d'en haut par des prises d'air. Recoins sombres. Galeries s'étendant dans toutes les directions. Des ballots, des étoffes précieuses, des armes, des coffres, des cassettes sont entassés. Au fond, un peu à droite, praticable formé de rochers dans lesquels est taillé un escalier conduisant sur une plateforme où se trouve la porte de la caverne, un quartier de roc, qui, en pivotant sur lui-même, doit laisser apercevoir le paysage entrevu au deuxième tableau, éclairé par le soleil.

SCÈNE PREMIÈRE.

CASSIM, seul.

(Au changement, la scène est vide. — Au bout d'une minute, on entend au dehors la voix de Cassim.)

CASSIM, du dehors.

Sésame, ouvre-toi !

(A ce moment, le rocher pivote sur lui-même et donne passage à Cassim qui paraît sur la plateforme. Il entre avec précaution, comme un homme aveuglé par la différence des lumières. A peine est-il entré que le rocher pivote de nouveau et se referme. — Musique pendant le commencement de la scène.)

CASSIM

Ali avait dit vrai ! M'y voici ! (Il descend avec crainte l'escalier
en se mettant la main devant les yeux.) Pourvu qu'il n'y ait personne !... C'est que ces gens-là seraient capables de me faire
un mauvais parti... Ma foi ! au petit bonheur !... Qui ne risque
rien n'a rien. (Au bas de l'escalier.) Pardon ! Il y a-t-il du monde
ici ? On ne répond pas !... Je suis seul... bien seul... (Il avance.)
Ah !... ces coffres... (Il court aux coffres et les ouvre.) Que de trésors !... Que de richesses !... Ah !... celui-là !... Il est encore
plus grand, celui-là ! (Il ouvre un immense coffre.) Que d'or !... que
d'or !... Il y en a là pour plus d'un million de sequins, bien sûr !
(Plongeant son bras jusqu'à l'épaule.) Ah ! que c'est doux... que c'est
frais !... Je veux m'y plonger tout entier. (Il se met dans le coffre,
comme dans une baignoire et fait ruisseler l'or autour de lui avec des frissons de
volupté.) Par Allah ! voilà le plus joli bain que j'aie pris depuis ma
naissance !... (Il éternue.) Tiens... je m'enrhume... dans mon
bain. (Se relevant brusquement.) Mais quel malheur ! Tout cet or...
je ne vais pas pouvoir l'emporter ! Et, pourtant, je serais si
heureux de l'avoir à moi, bien à moi ! Comment vais-je
faire ?... (Il éternue.) Décidément, cette caverne est un peu
fraîche !... Voyons ! Je vais d'abord, pour cette fois, bourrer
mes poches de ces pierreries, que j'ai aperçues là... dans ce
coffre ! Puis, à ma prochaine visite, car je ne serai pas si sot
qu'Ali Baba, je reviendrai... pas très souvent... mais je reviendrai... tous les mois !... Non ! toutes les semaines... ou
plutôt... tous les jours !... Donc, demain, je reviendrai avec
des chevaux et de grandes valises... J'emporterai tout cet
argent, tout cet or... toutes ces pierreries !... Mais, pour
aujourd'hui... je me contenterai de ces pierreries. Ne perdons
pas de temps, ces canailles de voleurs n'auraient qu'à revenir...
et un honnête homme... (Il remplit ses poches de pierreries.) ne peut
pas se commettre avec ces gredins-là. (Toutes ses poches sont
gonflées de pierres précieuses.) Je n'ai plus rien à bourrer ! Ah !
(Il ôte son turban et met des rubis et des perles dans la coiffe. Il se recoiffe.)
J'ai la tête lourde... Maintenant, hâtons-nous de déguerpir...
Et à demain, mes petits trésors ! A demain !... (Il monte péni-
blement les premières marches de l'escalier.) A présent... je n'ai plus
qu'à prononcer le mot magique qui ouvre cette porte... (Il a
l'air de chercher.) Eh bien ! Je ne me le rappelle plus !... C'est la
joie... c'est... Voyons ! un nom de graine... Millet, ouvre-toi,
Non ! ça n'est pas ça !... Maïs !... Chènevis !... Blé !... Rien !
Toujours rien ! Par Mahomet ! Est-ce que je vais rester enfermé
ici... (Criant.) Orge, ouvre-toi !... Miséricorde ! (Il prête l'oreille.)
Il me semble entendre un galop de chevaux... Ce sont les

brigands qui reviennent ! C'est qu'ils seraient capables, s'ils me trouvaient chez eux, de m'accuser de les avoir volés, ces voleurs-là !... (Musique.) Ah ! les voilà... les voilà ! (Il redescend vivement l'escalier et tombe. Les pierres sortent de ses poches, et de son turban. Il se met à trembler de tous ses membres. Il se relève. Il court à droite et à gauche, cherchant une cachette, en proie à une sorte de délire, à la fois effrayant et comique. Enfin il tombe, à moitié évanoui, à gauche, premier plan, derrière le coffre dans lequel il s'était baigné.) Ah !... je suis perdu !... perdu !... perdu !...

SCÈNE II.

CASSIM, caché, KANDGYAR, ZIZI, LES VOLEURS, puis LES FEMMES

KANDGYAR, au dehors.

Sésame, ouvre toi !

CASSIM, à part.

Triple imbécile ! Sésame ! C'était Sésame !

(La porte de la caverne tourne sur elle-même ; paraissent Kandgyar, Zizi et les voleurs, poussant devant eux des femmes effrayées qu'ils font passer à gauche, sur le praticable du fond, hors de vue du public).

Morceau d'ensemble

CHŒUR DES VOLEURS

Après une bonne journée,
Il est doux de rentrer chez soi,
Et, la besogne terminée,
On se trouve heureux comme un roi !

KANDGYAR

Nous avons, en conscience,
Bien travaillé, mes amis,
Maintenant, en récompense,
Le repos nous est permis.

REPRISE

Après une bonne journée,
Etc...

KANDGYAR

Mais, avant de faire la fête,
Et de suivre chacun son goût,
Comptons d'abord notre recette,
Car... les affaires avant tout.

TOUS

Oui! les affaires avant tout!

KANDGYAR, à Zizi.

Allons, notre comptable,
Fidèle et respectable,
Prends place à cette table
Et lis-nous ton rapport.

ZIZI, qui s'est installé, ouvrant un livre de comptes.

Le pacha de Mossoul, béni soit le Prophète!
Entre nos mains a laissé, tout d'abord,
En sequins bien sonnants et de valeur parfaite
Plus de deux mille bourses d'or.

TOUS

Deux mille bourses d'or!
Béni soit le Prophète!

ZIZI

En plus, des armes, des bijoux,
Des pierreries
Et des soieries
Qui valent des prix fous.

TOUS

Le ciel est avec nous!

ZIZI

En plus, ce bon pacha, qui, vraiment, est aimable,
Sans compter mille objets, dont suivra le détail,
A l'utile a joint l'agréable
En nous laissant tout son sérail :
Assyriennes,
Egyptiennes,
Arméniennes,
Circassiennes,
Par Allah ! le joli sérail !

KANDGYAR

Qu'on amène toutes ces belles !

(Deux ou trois voleurs ont gravi l'escalier du fond et introduisent
les femmes du pacha.)

CHOEUR

Venez mes toutes belles,
Calmez votre frayeur.
O tendres tourterelles,
Aimables jouvencelles,
N'ayez aucune peur !
Devant les faibles femmes
Nous savons désarmer ;
Vos regards pleins de flammes
Ne laissent à nos âmes
Que le pouvoir d'aimer !
Venez, mes toutes belles.
Etc...

LES FEMMES, en même temps.

Ah ! nous avons grand'peur
Et notre cœur
Est rempli de terreur !
Hélas ! nous craignons un malheur !

ZIZI

C'est bon ! c'est bon !... on aura des égards... Vous verrez que nous ne sommes pas si terribles que cela. On a ses
moments.

KANDGYAR

Du reste, vous ne vous ennuierez pas chez nous... Vous
aurez des compagnes... Toute une troupe de bayadères
que nous avons capturées il y a quelques jours et qui vous
distrairont. Approche, Zizi.

CASSIM, à part.

Zizi!... mon ancien commis... Quand je le disais, qu'il
devait avoir mal tourné!...

KANDGYAR

Je tiens à te féliciter de ta bonne... de ton excellente
tenue, dans la petite opération de ce matin. Lorsque, de ma
main, j'ai abattu la tête du pacha de Mossoul, tu étais à
côté de moi... Après avoir accompli ma délicate besogne,
je t'ai regardé... c'est à peine si une légère pâleur a cou-
vert ton visage.

ZIZI

C'est vrai... j'ai encore un peu pâli... mais très peu...
je m'y ferai, Kandgyar. Vous verrez que je m'y ferai.

KANDGYAR

J'en suis sûr!... Et d'ailleurs, je trouverai bien l'occasion
de t'y aider... en te mettant la main à la pâte!

ZIZI

Merci, capitaine.

KANDGYAR

Mais revenons à nos affaires... Les lois qui nous régis-
sent nous défendent de laisser des vides dans nos cadres;
as-tu trouvé, comme je te l'avais ordonné...

ZIZI

Un remplaçant à ce pauvre Aboulifar qui s'est laissé pincer
et qui a été pendu hier matin?

KANDGYAR

Mort au champ d'honneur !

(Tous saluent.)

MESROUR

Enfin... l'as-tu trouvé, ce quarantième ?

ZIZI

Presque... On m'a indiqué un postulant sur lequel j'ai les meilleures références... Il paraît que c'est un parfait gredin, qui est en délicatesse avec la police de Bagdad.

TOUS

Parfait !...

ZIZI

Aussi, j'espère que notre effectif sera bientôt au complet.

KANDGYAR

Bien, mon garçon !... Reçois toutes mes félicitations... (Il lui donne l'accolade.)

TOUS

Vive Kandgyar !... Vive Zizi...

(On entend Cassim éternuer dans la coulisse.)

KANDGYAR, à Zizi.

Allah te bénisse !

ZIZI

Merci... Mais ce n'est pas moi qui ai éternué.

TOUS

Ni moi... ni moi... ni moi !...

KANDGYAR

A qui donc, alors, appartient cet éternuement! Quelque
étranger se serait-il introduit parmi nous?

TOUS

Cherchons! Cherchons!

    (On cherche. Cassim éternue plus fort; Mesrour le découvre
               derrière le coffre.)

MESROUR

Ah! le voilà...

    (Il prend Cassim, mourant de peur, par le collet de sa robe.)

SCÈNE III.

LES MÊMES, CASSIM

CASSIM, tremblant.

Seigneurs brigands!...

ZIZI, à part.

Qu'est-ce que je vois là?... Cassim... mon ancien patron!

KANDGYAR

Qu'on emmène les femmes!... (On entraîne les femmes à gauche.
Revenant à Cassim.) Que viens-tu faire ici, malheureux? Comment y es-tu entré?

CASSIM, tremblant.

Mes... messeigneurs... c'est bien simple... Je passais... je
me promenais... il faisait chaud... très chaud... J'ai vu la
porte ouverte...

KANDGYAR

Tu mens!... Jamais notre porte n'est ouverte. Elle se referme toute seule.

CASSIM, vivement.

Je le sais bien.

KANDGYAR

Tu le sais ? Alors, tu as surpris nos secrets !... Il n'y a
seule peine pour cette curiosité.

CASSIM

Une seule ! Y aurait-il de l'indiscrétion à vous demander
laquelle ?

KANDGYAR

La mort...

TOUS

La mort !

CASSIM

Pardon ! C'est peut-être un peu sévère pour la première
fois.

KANDGYAR, furieux.

Tu dis ?...

CASSIM

Je ne dis rien ! Seulement... je trouve...

KANDGYAR, tirant son cimeterre.

Allons ! apprête-toi... Tu as une minute et demie.

CASSIM

Une minute et demie... mais j'ai besoin de plus que ça !...
J'ai des affaires à mettre en ordre... des créances à faire
rentrer... et puis mon testament qui n'est pas fait... Vous ne
voudriez pas qu'un brave homme, marié... qui pourrait être
père de famille, si on lui en laissait le temps...

KANDGYAR

Assez !... (Il se prépare à le frapper.)

CASSIM, se jetant la face contre terre.

Allah ! Allah ! Oh ! là ! là !

KANDGYAR, remettant son cimeterre au fourreau, en riant.

Au fait... Il me vient une idée... Zizi ?...

ZIZI

Capitaine ?...

KANDGYAR

Cette occasion que je cherchais pour t'habituer à voir couler le sang d'un cœur paisible, la voilà... C'est toi qui vas nous débarrasser de cet indiscret.

ZIZI, avec effroi.

Moi !...

KANDGYAR

Oui cela te fera la main.

CASSIM, à part.

Il va se faire la main avec ma tête !...

KANDGYAR

Sur ce, nous te laissons opérer... (Désignant une galerie.) Nous allons procéder au partage dans cette galerie... que tout soit fini quand nous reviendrons.

ZIZI

Tout sera fini... Une simple chiquenaude et il n'y aura plus personne...

CASSIM, à part.

Il appelle ça une chiquenaude !...

KANDGYAR

Tu jetteras le corps dans la citerne...

ZIZI

Là-bas... je sais...

KANDGYAR

Mais, d'abord, tu lui ôteras ses vêtements, que tu iras déposer demain aux portes de la ville, pour dépister les recherches.

ZIZI

Convenu.

KANDGYAR

Bonne chance... Et tâche de te distinguer. (Aux autres voleurs.) Vous autres, au partage !...

TOUS

Au partage !

(Sur une reprise d'orchestre, ils disparaissent dans les galeries.)

SCÈNE IV.

CASSIM, ZIZI

CASSIM

Enfin ! Ils sont partis !... (Se relevant vivement.) Zizi ! mon bon Zizi !...

ZIZI, fièrement.

Qu'est-ce que c'est ?...

CASSIM

Voyons... ne fais pas le fier avec moi... (D'un ton câlin.) Tu me reconnais bien, n'est-ce pas ?... Tu es Zizi, mon ancien commis et, moi, je suis Cassim, ton ex-patron...

4.

ZIZI

Qui m'a flanqué à la porte... A cause de certains fruits que j'aimais trop et que votre femme me donnait en cachette.

CASSIM

Il y a si longtemps !... Je n'ai pas la mémoire des dattes... Mais, c'est égal, comme on se retrouve, hein ?

ZIZI

Et dans une situation bien désagréable pour vous... (Il tire son cimeterre.)

CASSIM

Hein ?... Est-ce que vraiment tu aurais l'intention ?...

ZIZI

D'obéir aux ordres du capitaine ?... Il le faut !... (Il se met à essayer le fil de son cimeterre.)

CASSIM

Zizi ! mon bon Zizi !... Tu peux bien faire quelque chose pour moi !... Au nom de Mahomet !... je t'en prie... Souviens-toi de nos bons repas de famille... Rappelle-toi combien Zobéide était bonne pour toi...

ZIZI

Justement... C'est le moment de lui prouver ma reconnaissance... en la débarrassant de vous...

CASSIM, avec rire forcé.

Ah ! ah ! qu'il est drôle, ce petit Zizi !... (Changeant de ton.) Voyons !... Je t'en supplie !... Tu ne vas pas me faire du mal !...

ZIZI

Vous m'attendrissez !... Si je trouvais un moyen, sans me compromettre...

CASSIM

Trouve-le, mon bon Zizi, trouve-le !...

ZIZI, cherchant.

Ah ! au fait... Oui... non... peut-être... (Il se frappe le front.) C'est ça !

CASSIM

Dis-moi vite ton idée !...

ZIZI

Voilà... mais d'abord, partons d'un principe... Il faut que vous soyez mort.

CASSIM

Hein ?...

ZIZI

Très bien ! Vous allez mourir.

CASSIM

Comment, très bien !... Elle est jolie, ton idée !...

ZIZI

Attendez donc !... Mourir, sans mourir... Mourir pour tout le monde, excepté pour vous et pour moi.

CASSIM

Je préfère ça !... Mais comment ?...

ZIZI

A partir de cette minute, vous n'existez plus... Il n'y a plus de Cassim... Piff !... Eteint, Cassim !... Soufflé !... Disparu !...

CASSIM

Ah !

ZIZI

Seulement, vous allez me jurer sur le Coran... (Fouillant dans sa poche.) En voici justement un que j'ai chipé ce matin à la mosquée... Je n'en avais pas pour faire mes dévotions.

CASSIM

C'est d'un bon musulman.

ZIZI

Donc, vous allez me jurer là-dessus que, tant qu'un seul homme de la troupe sera vivant, vous continuerez à passer pour défunt...

CASSIM

Mais...

ZIZI, mettant la main à la garde de son cimeterre.

Préférez-vous l'autre combinaison ?...

CASSIM

Non ! non !... Je jure !... je jure !...

ZIZI

Parfait !... D'ailleurs, si vous aviez jamais la moindre velléité de manquer à votre serment, j'ai un autre moyen... (Il tire un énorme poignard.) qui m'assurerait de votre discrétion... Songez-y ! Au moindre mot, au moindre geste compromettant... Couic !... Plus de Cassim !... Et pour tout de bon, cette fois.

CASSIM

Ne crains rien, mon petit Zizi... Mais qu'est-ce que je vais devenir, à présent que je suis mort ?

ZIZI

C'est bien simple... Je vais vous présenter au chef... Il nous manque un voleur... ce sera vous.

CASSIM

Moi !... Un homme établi ! Un commerçant !...

ZIZI

Ça ne vous changera pas beaucoup.

CASSIM

Mais...

ZIZI, *même jeu que plus haut.*

Préférez-vous l'autre combinaison ?

CASSIM

Non ! Non !... Présente-moi.

ZIZI

Un instant !... Il s'agit d'abord de vous rendre méconnaissable... Ça ne sera pas long... Assieds-toi là...

CASSIM

Il me tutoie !... Tu oses me tutoyer !...

ZIZI

Qu'est-ce que c'est ?

CASSIM

Je voulais dire : tu as la bonté de me tutoyer...

ZIZI

Puisque nous voilà copains.

Duetto

ZIZI

Nous allons à ta toilette
Procéder incontinent

                    Je vais te faire une tête
                    Quelque chose de charmant !
                Assieds-toi !

                                CASSIM

                        Mais...

                                ZIZI

                                        Pas de réplique !
                    Je m'en vais te barbifier,
                Car il faut, dans notre métier,

                        Il faut un bon physique,
                        Il faut de la plastique,
                        Un abord sympathique,
                        Un sourire pudique,
                        Un air très pacifique,
                        Au besoin satanique,
                        Un visage énergique,
                        Ou, s'il le faut, comique,
                        Enfin, que l'on s'applique
                        A plaire à la pratique
                        Par son charme magique !

                                ZIZI

                D'abord, rasons tous ces cheveux !

                        CASSIM, désolé.

                Mes cheveux, si fins, si soyeux !

                    ZIZI, grimpé derrière lui, et le rasant.

                        Avec prestesse,
                        Avec adresse,
                        En un tour de main,
                        Gentiment j'opère
                        Et voilà l'affaire
                        En très bon chemin !

                (Sautant à terre.)
                        A présent la barbiche...

CASSIM

Hélas! ma barbiche
Dont j'étais si fier !

ZIZI

Oh ! ta barbiche, je m'en fiche !
Elle va tomber sous le fer !
(Il lui coupe la barbiche.)

Et maintenant un peu de maquillage
Là, sur le nez, et c'est fini !

CASSIM

Du maquillage
A mon âge !
Eh bien, je vais être joli !

ZIZI

Avec prestesse,
Avec adresse
Etc...
(Il lui dessine un tatouage.)

Mon cher, on dirait, je m'en pique,
Que tu sors de chez le barbier :
Car il faut, dans notre métier,...

ENSEMBLE

Il faut un bon physique
Il faut de la plastique
Etc...

ZIZI, lui tendant une glace.

Regarde-toi...

CASSIM

Hein ? C'est moi, ça !...

ZIZI

Oh ! tu n'es pas plus vilain qu'avant... Il ne te reste plus
qu'à changer de costume et tu seras tout à fait un autre
homme... Allons, suis-moi...

CASSIM

Ah! si Zobéide savait!

ZIZI

Qui ça, Zobéide ?

CASSIM

Ma femme...

ZIZI

Tu veux dire ta veuve...

CASSIM

C'est vrai!... Oh! quelle aventure!... Quelle catastrophe!...

ZIZI, le poussant à gauche.

Va donc! Voici les autres!

SCÈNE V.

KANDGYAR, MESROUR, Voleurs, puis ZIZI

KANDGYAR, revenant, entouré de voleurs.

Vous êtes satisfaits?

TOUS

Oh!

MESROUR

Avec un dividende pareil!...

KANDGYAR, regardant autour de lui.

Mais je n'aperçois plus Zizi... Est-ce qu'il se serait évanoui dans quelque coin?

ZIZI, *reparaissant.*

Non pas, capitaine... Ma besogne est accomplie... Et voilà
les habits de la victime. (Il les passe à un voleur qui les fait dispa-
raître.)

KANDGYAR

Quant au corps?...

ZIZI

Dans la citerne.

KANDGYAR

Et tu n'as pas trop tremblé? Tu n'as pas été trop ému?

ZIZI

Moi? C'est-à-dire qu'à présent il me faudra couper ma petite
tête tous les matins... Autrement je serai de mauvaise hu-
meur toute la journée.

KANDGYAR

A la bonne heure...

ZIZI

Autre chose... Pendant que vous étiez en train de faire
votre partage...

KANDGYAR

Tu n'as pas été oublié, rassure-toi...

ZIZI

Oh! j'ai confiance!... Entre gens d'honneur... Donc, ma
besogne terminée, je suis allé guetter, sur la route, le postulant
dont je vous avais parlé et qui devait arriver aujourd'hui.

KANDGYAR

Notre quarantième... Eh bien?

ZIZI

Il est là, à côté.

KANDGYAR

En ce cas, nous allons procéder à sa réception officielle.
Va le chercher... (Aux autres.) Et nous, prenons séance...

(Tous les voleurs se rangent, dans des poses diverses. Zizi est sorti et
revient au bout d'un instant, amenant Cassim accoutré en brigand.)

SCÈNE VI.

LES MÊMES, CASSIM

CHOEUR

Voici le récipiendaire
Qui s'avance avec lenteur ;
Sa mine patibulaire
Nous prévient en sa faveur.
Voici le récipiendaire !

(Cassim s'est incliné devant Kandgyar.)

KANDGYAR

A la bonne heure !... Il a l'air d'une franche canaille, celui-
là... Il me va... (Lui tendant la main.) Tu me vas. Comment
t'appelles-tu ?

CASSIM, sur le point de se couper.

Cas.... (Zizi lui donne une forte bourrade ; se reprenant.) boul !...
Casboul...

KANDGYAR

Eh bien ! Casboul, à dater de ce moment, tu as l'honneur
d'être des nôtres... N'est-ce pas, mes amis ?...

TOUS

Oui ! Vive Casboul !...

KANDGYAR

A présent, tout au plaisir... qu'on amène les captives et qu'on nous serve à boire !

TOUS

A boire ! A boire !

SCÈNE VII.

LES MÊMES, LES FEMMES, puis les BAYADÈRES.

CHOEUR

Bayadères
Légères,
Aimables houris,
Divines péris,
Dansez vos danses capiteuses
Dansez vos danses langoureuses
Perles d'Orient,
Que votre talent
Abrège les heures
Et, qu'en ces demeures,
A nos yeux éblouis
S'ouvre le paradis !

GRAND BALLET

RIDEAU.

ACTE III

SIXIÈME TABLEAU

UNE RUE DE BAGDAD

A gauche, la boutique de Cassim. Au premier plan, à droite, une
maison de riche apparence. Ensuite, d'autres maisons. Au fond,
maisons et rues latérales. Une rue au premier plan à gauche.
Quand la toile se lève, un marché occupe tout le théâtre.

SCÈNE PREMIÈRE.

MARCHANDS, MARCHANDES, ACHETEUSES, PROMENEURS,

puis MORGIANE

(Le marché est dans toute son animation. Les marchands vont et viennent,
les uns portant leurs marchandises dans des paniers, les autres traînant de
petites voitures. D'autres sont installés sous des parasols. Tableau très
animé.)

Introduction.

CHŒUR

Marchandes et marchands,
Nous offrons aux chalands
Nos marchandises,
Nos friandises,
Les plus exquises !

Voyez ! Mettez l'article en main ;
          Il n'est rien de plus fin,
Tout est frais, tout est délectable,
          Accourez tous,
          Achetez nous
Ce qui doit fournir votre table !

          Marchandes et marchands,
          Nous offrons aux chalands
               Nos marchandises,
               Nos friandises,
               Les plus exquises !

MORGIANE, *sortant du palais d'Ali.*

          Eh ! quoi, déjà si tard !
La vente est presque terminée !
J'ai fait la grasse matinée,
          Et je suis en retard.
Réparons vite ma paresse,
Et rattrapons le temps perdu !
          (Haut.)
Holà ! marchands ! que l'on s'empresse !
A moi, ceux qui n'ont pas vendu !

UN GROUPE DE MARCHANDES

          Voilà des bécassines,
          Des chapons gros et gras,
          Des perdreaux délicats,
          Des poulardes bien fines !

MORGIANE, *désignant le palais.*

C'est bien ! Portez, portez cela
Chez le seigneur Ali Baba !

TOUS

Portons bien vite tout cela
Chez le seigneur Ali Baba !

UN AUTRE GROUPE

          Des poissons de rivière !
          Des fruits délicieux !
          Des gâteaux savoureux !
          De la crème légère !

MORGIANE

C'est bien ! Portez, portez cela
Chez le seigneur Ali Baba !

TOUS

Portons bien vite tout cela
Chez le seigneur Ali Baba !
(Une cloche sonne au dehors.)

LES MARCHANDS ET LES MARCHANDES

La cloche sonne
Du départ voici le signal.
Retirons-nous
Retirez-vous } crainte de mal.
Sous peine de procès-verbal,
Il faut qu'il ne reste personne !

REPRISE

Marchandes et marchands,
Etc...
(Les marchands ont enlevé leurs étalages et se sont retirés peu à peu.)

SCÈNE II.

MORGIANE, puis SALADIN

MORGIANE

Jamais, je crois, le seigneur Ali n'aura fait un aussi somptueux repas ! (Elle se tourne du côté de la boutique de Cassim.) Ah ! par exemple, voilà qui est bizarre ! Les magasins de Cassim qui ne sont pas ouverts encore ! D'habitude, il ne laisse pas ainsi chômer le commerce !

(A ce moment, la porte du magasin s'ouvre, et Saladin sort de la boutique.)

SALADIN

Ce n'est pas possible ! Il doit être midi, puisque je viens d'entendre la cloche du marché ! Comment se fait-il que nous ayons dormi si tard ? (A ce moment, il aperçoit Morgiane.) Ah ! salut, ravissante Morgiane !

MORGIANE, riant.

Salut, adorable Saladin ! Vous avez fait la grasse matinée, à ce que je vois ?

SALADIN

Je ne me rappelle pas que pareille chose soit jamais arrivée... C'est moi qui suis chargé de faire ouvrir nos magasins... Tous les jours, je suis réveillé dès l'aube, par un bruit de disputes... par un claquement de gifles sonores...

MORGIANE, riant.

Votre oncle et Zobéide qui se souhaitent le bonjour ?

SALADIN

Juste ! Ils me servent de réveil-matin !... Aujourd'hui, silence complet ! Sans cette cloche, peut-être la maison dormirait-elle encore... Chaque jour, quand mon oncle a reçu sa gifle quotidienne... il s'empresse de me la rendre. Ce matin, on ne m'a rien rendu... Et, vous l'avouerai-je ? elle me manque, ma gifle ! Elle me manque !

SCÈNE III.

LES MÊMES, ZOBÉIDE

(Zobéide est sortie du magasin. Elle a entendu Saladin et lui flanque
une gifle.)

ZOBÉIDE

Tiens, la voilà !

SALADIN

Mon oncle ! (Se retournant.) Non, ma tante !

(Il se frotte la joue.)

ZOBÉIDE

Ça t'apprendra, paresseux !

MORGIANE, riant.

Eh bien !... vous voilà content !

SALADIN, à part.

C'est qu'elle tape encore plus fort que son mari !...

ZOBÉIDE, à Morgiane.

Quant à vous, petite, allez dire à votre maître que je désire lui parler sur-le-champ !

MORGIANE, hésitant.

Mais... je crois qu'il est encore à sa toilette !

ZOBÉIDE

Ça m'est égal ! Il s'agit d'une chose urgente ! Allez !

MORGIANE, voyant s'ouvrir la porte de la maison.

Inutile ! le voici !

ZOBÉIDE

Ah ! tant mieux ! (A Saladin.) Rentre, Saladin ! (A Morgiane.) Laissez-nous, Morgiane !

MORGIANE, à part.

Elle est bien agitée, ce matin, la femme de Cassim !

(Dès qu'Ali est en scène, Morgiane rentre dans la maison et Saladin dans la boutique.)

SCÈNE IV.

ZOBÉIDE, ALI BABA

ALI

C'est vous ma cousine ?

ZOBÉIDE, allant vivement à Ali.

Ah ! mon cousin ! si vous saviez !...

ALI

Quoi donc ?

ZOBÉIDE

Mon mari...

ALI

Eh bien ?

ZOBÉIDE

Il a découché !

ALI

Lui ?...

ZOBÉIDE

Ce n'est pas dans ses habitudes ! Aussi, je ne le soupçonne pas, mais je crains qu'il ne lui soit arrivé quelque chose !

ALI

C'est probable !

ZOBÉIDE

C'est même certain !

ALI

Et ça vous inquiète, naturellement ?

ZOBÉIDE

Ça m'inquiète... C'est-à-dire... (Par réflexion.) Oui, ça m'inquiète tout de même !...

ALI, vivement.

Attendez !

ZOBÉIDE

Quoi donc ?...

ALI

Je crains de deviner ! Oui, je me rappelle à présent... Hier,
pendant que je racontais mon aventure à Morgiane, il était
là ! Malgré ses dénégations, il aura entendu, et bien certainement le malheureux sera allé à la grotte !

ZOBÉIDE

A quelle grotte ?

ALI

A la caverne !

ZOBÉIDE

A quelle caverne?

ALI

Je ne peux pas vous le dire, et il aura été surpris par
les...

ZOBÉIDE

Par les?... Parlez !

ALI

Impossible ! Mais je cours m'informer...

ZOBÉIDE

C'est cela, cousin Ali... courez et rapportez-moi des nouvelles ! Bonnes ou mauvaises, ça m'est égal, pourvu que je
sois fixée !

ALI

Comptez sur moi !

ZOBÉIDE

Allez ! Allez ! Je ne peux pas vivre dans cette incertitude...
A bientôt, cousin Ali... à bientôt ! (Elle rentre chez elle.)

ALI, seul.

Pauvre Cassim ! Il aura eu l'imprudence...
(En s'en allant, il se heurte dans Cassim, qu'il ne reconnaît pas et qui
vient d'entrer avec Zizi.) Pardon ! Ah ! pauvre Cassim ! (Il sort vivement. Zizi et Cassim sont déguisés en chanteurs ambulants.)

SCÈNE V.

CASSIM, ZIZI

CASSIM

C'est Ali Baba! Il ne m'a pas reconnu!

ZIZI

Il y a deux raisons pour cela! Ta tête d'abord, qui n'est plus la même... heureusement pour toi!

CASSIM

Tu trouves? Moi, je m'aimais mieux avant.

ZIZI

Ça dénote ton manque de goût... Et, ensuite, ce déguisement que Kandgyar nous a ordonné de prendre pour tâcher de trouver quelque bon coup à faire dans la ville...

CASSIM

Zizi... je voudrais te dire une chose...

ZIZI

Laquelle ?

CASSIM

Maintenant que nous sommes loin de la caverne, si tu étais bien gentil, tu ne sais pas ce que nous devrions faire?

ZIZI

Non !

CASSIM

Nous devrions supposer qu'il ne s'est rien passé et que j'ai tout bonnement fait un mauvais rêve. — Hein! mon petit Zizi?

ZIZI

Malheureux! je te vois venir... tu voudrais ressusciter!...

CASSIM

Oui! Ça m'ennuie d'être mort... Et puis, ce serait si simple : Ma maison est là... je n'aurais qu'à y entrer, et...

ZIZI, tirant son poignard.

Assez! (Voyant quelques personnes passer au fond.) Du monde !
N'oublions pas que nous sommes en chanteurs, chantons !...
(Prenant une guzla, qu'il porte en bandoulière.)

Chanson.

1

Fatma, ma bien aimée,
J'aime tes yeux d'azur,
J'aime ton front d'almée,
Et ton profil si pur !
Viens ! suis-moi sous la tente,
Dans les déserts poudreux,
Dans une course errante,
Fuyons, fuyons, tous deux !

    La la la la la la !
    Chante, ma guzla !
       Nabegha,
       Tarafa,
       Menatobi,
       Abou-Meleck,
       Salamaleck !
       Nabegha,
       Tarafa,
       Firoubazi,
       Moucharabi !

2

Le lait de nos chamelles
Là-bas nous nourrira,
A chasser les gazelles
Le temps se passera !
Le soir, près des fontaines,
Dans la fraîche oasis,
Confondons nos haleines,
En écoutant l'ibis !

    La la la la la la !
    Chante ma guzla !
       Etc...

(Ils dansent sur la ritournelle, puis ils font la quête. Tous les passants
qui s'étaient arrêtés pour les entendre s'éloignent aussitôt.)

CASSIM

Pas la moindre piécette !

ZIZI

Qu'importe ! puisque c'est pour la frime que nous chantons !

CASSIM

C'est tout de même humiliant ! (Changeant de ton, avec un soupir.) C'est égal, quand je pense que, dans quelques instants, la nouvelle de ma mort va être officielle !

ZIZI

Oui, on ne tardera sans doute pas à trouver tes vêtements !

CASSIM

Que tu m'as forcé à déposer moi-même aux portes de la ville... Et même, à ce propos, je me demande comment Zobéide va prendre cette nouvelle... Pourvu qu'elle ne soit pas trop contente ! (Regardant dans la maison.) Ah !

ZIZI

Quoi donc ?

CASSIM

Qu'est-ce que j'aperçois dans mes magasins ?

ZIZI

Tes ex-magasins !

CASSIM

Oui... mes ex-magasins ! — Saladin en train de manger mes dattes !

ZIZI

Tes ex-dattes ! — Comme moi, dans le temps ! — Qu'est-ce que ça peut te faire, à présent ?

CASSIM

C'est juste, ça ne me fait rien... Mais, tout de même, si je le tenais, ce polisson! (A ce moment, on entend un bruit de soufflet dans la boutique. — Avec émotion.) Ah! Zizi! As-tu entendu?

ZIZI

Oui! Ça doit être ton épouse!

CASSIM

Elle aura aperçu Saladin, et... (Il fait un geste.) Ce n'est pas étonnant, la main doit lui démanger, depuis hier!

ZIZI, bas à Cassim, voyant apparaître Zobéide.

Observe-toi! C'est elle!

SCÈNE VI.

Les Mêmes, ZOBÉIDE, puis ALI, puis SALADIN

ZOBÉIDE, à part.

Je ne peux pas tenir en place! — Qu'il me tarde d'avoir des nouvelles de Cassim!

CASSIM, bas à Zizi.

Elle ne sait rien encore, tu vois!

ZOBÉIDE

Et le cousin Ali qui ne revient pas! (Apercevant Ali.) Ah! le voilà, enfin!

(Ali paraît en scène, l'air sombre.)

Quintette.

ZOBÉIDE

C'est lui! Je vais savoir mon sort,
Et me voilà toute tremblante!

CASSIM, à part.

Ah! quelle scène déchirante,
Il va nous apprendre ma mort!

ZOBÉIDE, à Ali.

Je vous promets de rester forte;
Parlez, cousin Ali, parlez!
Quelle nouvelle m'apportez?

ALI

A la nouvelle que j'apporte,
Cousine, vos beaux yeux vont pleurer!

ENSEMBLE

ZOBÉIDE	CASSIM et ZIZI
A la nouvelle qu'il apporte,	A la nouvelle qu'il apporte,
Je sens que mes yeux vont pleurer!	Pauvre femme, elle va pleurer!

ALI

En sortant de la ville, à cent pas de la porte,
  Voilà ce que je viens de ramasser!
(Il montre les vêtements de Cassim qu'il tenait cachés derrière lui.)

ZOBÉIDE

O ciel!

SALADIN, sortant de la boutique et accourant.

Qu'arrive-t-il?

ZOBÉIDE

Un drame épouvantable!
Une aventure déplorable!
Un accident
Sans précédent!
Regarde!...

SALADIN

O spectacle navrant!
De mon oncle, c'est le turban,
C'est son burnous et son caftan!

TOUS

C'est son turban,
C'est son burnous et son caftan!

ALI

Le fait, pour moi, ne supporte aucun doute,
Il faut qu'il soit bien trépassé
Pour avoir laissé
Tout cela sur la route!

ENSEMBLE

ALI et LES AUTRES	CASSIM
Pauvre Cassim! c'est bien fini!	Pauvre Cassim, c'est bien fini,
Pour l'autre monde il est parti,	Pour l'autre monde il est parti;
Il faut en prendre son parti.	J'ai peine à prendre mon parti,
Le voilà loin ce cher ami,	Cela ne me va qu'à demi,
Oui, c'est fini, c'est bien fini!...	Sans être mort, d'être fini!

ZOBÉIDE, après un temps.

Je sais ce qu'exige l'usage,
Et, pour pleurer l'époux qui m'est ravi,
Dans la retraite du veuvage,
Je m'enferme dès aujourd'hui!
(S'apprêtant à rentrer.)

Votre main, mon cousin Ali!

CASSIM, avec joie, à part.

Pleurer, a-t-elle dit!
Pour ce fait inouï,
Il faut que je l'embrasse!
(Courant à Zobéide.)
Très bien! Merci! merci!

ZOBÉIDE

Eh bien, manant! voilà pour votre audace!

(Elle lui donne un soufflet.)

CASSIM, se tenant la joue.

Très bien! Merci! merci!

REPRISE

Pauvre Cassim ! C'est bien fini !...
Etc...

(Zobéide rentre chez elle, conduite par Ali.)

SCÈNE VII.

CASSIM, ZIZI, SALADIN

CASSIM

Ah ! cette gifle est le plus beau jour de ma vie !...

ZIZI

De ta mort, plutôt !

SALADIN, sanglotant.

Mon oncle ! Mon pauvre oncle !

CASSIM

La douleur de ce garçon me fait du bien !

SALADIN, à part.

Suis-je bête ! Zobéide n'est plus là !

(Il se met à danser.)

CASSIM

Hein ?.. Qu'est-ce que je vois ?

ZIZI

C'est le chagrin qui le rend fou !

SALADIN

Le chagrin ! Et de quoi ? D'être débarrassé de ce vieux grigou de Cassim ?

CASSIM, furieux.

Tu dis ?

ZIZI, bas.

Casboul ! (Il lui montre le poignard.)

CASSIM, effrayé.

C'est juste ! (A Saladin.) Alors. d'apprendre le trépas de votre pauvre oncle ?

SALADIN

Ça me fait joliment plaisir, puisque j'hérite ! Aussi j'en danse de joie !... Ah ! ils vont joliment danser aussi, les sequins de mon oncle... en compagnie de petites femmes !... Quand je pense que j'étais assez naïf pour me dessécher à cause de Morgiane ?... J'aurai bientôt fait de l'oublier, maintenant que je suis riche !

CASSIM

Oh !

SALADIN

J'ai la clef de la caisse ! Je m'en vais déjà prendre un petit acompte sur mon héritage !...

CASSIM, hors de lui.

Par exemple ! Je t'étranglerais plutôt !
(Il le saisit à la gorge.)

SALADIN

Hein ?

ZIZI, même jeu que plus haut.

Casboul !

CASSIM, bas.

Tiens ! emmène-moi ; je me trahirais ! Viens prendre quelque chose dans ce petit café que je vois là-bas, à deux pas ! (Il montre la droite.)

ZIZI

Je le connais ! Un café comme toi !

CASSIM, ahuri.

Comment, un café comme moi ?

ZIZI

Un café... maure !

CASSIM

Oh ! en voilà une bête de plaisanterie ! (Ils sortent.)

SCÈNE VIII.

SALADIN, puis ALI BABA

SALADIN, les regardant s'éloigner.

Qu'est-ce qu'il a donc ce chanteur ambulant ? Tout à l'heure, il embrasse ma tante, et maintenant, voilà qu'il veut m'étrangler...

ALI, sortant des magasins de Cassim.

Saladin, rentrez vite auprès de Zobéide ! La pauvre femme a besoin d'être consolée. Je n'aurais jamais cru que cette nouvelle lui causerait un si profond chagrin.

SALADIN

Alors, il faut se faire une figure de circonstance ?... (Prenant l'air triste.) Pauvre Cassim !... Non ! je ne peux pas ! — Pauvre Cassim ! — Ah ! cette fois, c'est mieux !

(Il entre dans les magasins.)

SCÈNE IX.

ALI, seul.

La journée s'avance ! Je dois payer, avant ce soir, ce palais que j'ai acheté. — Rentrons prendre l'argent chez moi !

(Il rentre, au moment où Kandgyar paraît à gauche.)

SCÈNE X.

KANDGYAR, puis ALI

KANDGYAR, en mendiant.

Où donc se cache Zizi ? Je ne l'aperçois pas... C'est pourtant bien dans cette rue que je lui ai donné rendez-vous ! (Il cherche un peu au fond. — Ali paraît.)

ALI, à part.

J'ai la somme... Dépêchons-nous ! (Il aperçoit Kandgyar.) Un mendiant !... (Il fouille dans sa poche.) Je me suis promis de ne plus jamais rencontrer un malheureux sans le faire riche pour quelques jours ! (A Kandgyar.) Prends cet or, mon ami !

(Il lui donne des pièces d'or.)

KANDGYAR

Allah vous le rende, Seigneur !

(Ali sort.)

SCÈNE XI.

KANDGYAR, puis ZIZI

KANDGYAR

Voilà un homme bien généreux ! (Regardant les pièces qu'Ali lui a données.) Ah ! çà, quelles pièces m'a-t-il données ? — Ce n'est pas de la monnaie ayant cours aujourd'hui ! Est-ce que je ne rêve pas ? L'on dirait...

ZIZI, revenant à gauche, à part.

Cassim a roulé sous la table ! J'ai chargé deux camarades de le ramener chez nous ! (Apercevant Kandgyar.) Le capitaine !

KANDGYAR, l'apercevant, vivement.

Regarde, Zizi, regarde ! Un homme richement vêtu, qui est sorti de cette maison, vient de me donner à l'instant ces pièces d'or !

ZIZI

Eh bien ? (Il les prend.)

KANDGYAR

Tu ne te souviens pas de ce marchand de Téhéran, dont nous avons pillé le trésor, le mois dernier ?

ZIZI

Si, si !... Ce trésor se composait de pièces si anciennes que l'effigie nous en était inconnue ! — Eh bien ?

KANDGYAR

Eh bien ! ces pièces sont les mêmes !

ZIZI

C'est juste !... tout à fait les mêmes !

KANDGYAR

Donc, elles nous ont été volées !

ZIZI

Vous croyez ? Oh ! comme il y a des gens qui sont canailles !...

KANDGYAR

Quelqu'un encore a pénétré chez nous ! Quelqu'un qui connaît nos secrets !... Il faut qu'il soit puni comme l'autre, celui que tu as... (Il fait le geste de couper le cou.)

ZIZI

Il le sera, capitaine ! (A part.) Et mieux que l'autre !

KANDGYAR

Tout à l'heure, quand la nuit sera venue, nous reviendrons en nombre... C'est de cette maison que cet homme est sorti... Afin de la reconnaître, marque-la...

ZIZI, après avoir cherché autour de lui, ramassant un morceau de plâtre au pied du mur.

Oui... Avec ceci...

(A ce moment, une fenêtre s'ouvre au-dessus de la porte de la maison, et Morgiane paraît.)

SCÈNE XII.

Les Mêmes, MORGIANE

MORGIANE, à part.

Qui donc cause là ?

ZIZI

Excellente idée ! Cette croix désignera le téméraire à notre vengeance !

(Il fait une croix sur la porte.)

MORGIANE

Ah ! (Elle referme vivement la fenêtre.)

KANDGYAR

Viens, Zizi... Allons chercher les camarades.

ZIZI

Son affaire est bonne, à celui-là !

(Ils sortent.)

SCÈNE XIII.

MORGIANE, seule.

(Dès qu'ils ont disparu, elle sort avec précaution de la maison.)

J'ai bien entendu... Cette croix désignera le téméraire à notre vengeance !... C'est de mon maître qu'il s'agit !... Qui

pent lui en vouloir ?... Je devine ! ces quarante voleurs, dont
il a surpris les secrets et qui veulent se débarrasser de lui !...
Il faut l'avertir au plus vite !... (Se ravisant.) Au fait... pourquoi l'effrayer ? Ne vaudrait-il pas mieux trouver un moyen
d'écarter le danger sans rien dire à personne ? Oui c'est
cela !

Couplets.

1

Sans bruit, sans fracas
Et sans embarras,
Je saurai, j'espère,
Nous tirer d'affaire...
A quoi bon crier,
Trembler, s'effrayer ?
Se montrer habile,
Est bien plus utile,
Souvent il suffit
D'avoir de l'esprit !

(Riant.)

Ah ! Ah !
Vous êtes quarante,
    Messeigneurs
    Les voleurs !
Eh bien ! je m'en vante,
Par une servante,
    Vous verrez,
    Vous verrez,
Vous serez volés !

(Ramassant le morceau de craie jeté à terre par Zizi, et marquant d'une
croix les portes voisines.)

2

Près de cette croix,
J'en fais deux, puis trois,
Puis, à chaque porte,
De la même sorte,
Et, sans me lasser,
Je vais en tracer !

Par toute la ville,
J'en sèmerai mille ;
Vous aurez, je crois,
L'embarras du choix !

Ah ! Ah !
Vous êtes quarante...
Etc...

(*Sur la ritournelle, elle s'éloigne en marquant toutes les portes sur son passage. — La nuit est tout à fait venue.*)

SCÈNE XIV.

KANDGYAR, ZIZI, MESROUR, LES VOLEURS, PUIS UNE

PATROUILLE, PUIS LE MUEZZIN (hors de vue)

Finale.

KANDGYAR, paraissant, suivi des voleurs.

Arrivez tous ! C'est ici que demeure
L'imprudent qui trahit notre secret !

TOUS

Il faut qu'il meure !

ZIZI, accourant.

Alerte ! amis, la patrouille paraît !

(Ils se dissimulent de tous côtés.)

UNE PATROUILLE, traversant le théâtre.

A travers la ville
Marchons, l'œil au guet,
Tout est bien tranquille,
Déjà, tout se tait !

Plus un seul murmure,
Et, jusqu'au matin,
Dans la nuit obscure
Chaque bruit s'éteint !

(La patrouille s'éloigne.)

ZIZI, reparaissant.

Ils sont partis, reprenons notre affaire !

(Tous les voleurs sont revenus. — A ce moment, on entend le son d'un
gong et le Muezzin (invisible) chante du haut d'un minaret.)

CHANT DU MUEZZIN

Du jour s'éteint la lumière,
Venez tous à la prière !
Incliné pieusement,
Que chacun de nous répète :
Allah ! seul est grand
Et Mahomet est son prophète !

TOUS LES VOLEURS, inclinés vers la terre.

Allah ! Allah seul est grand
Et Mahomet est son prophète !

(Le chant terminé, ils se redressent, changeant de physionomie.)

KANDGYAR

J'ai fait marquer la maison d'une croix;
Elle sera facile à reconnaître !

ZIZI, à droite.

C'est ici, je la vois !

MESROUR, à gauche.

De ce côté, je l'aperçois !

KANDGYAR

Comment ?...

5

ZIZI

Oui, c'est bien une croix !

MESROUR, allant à une autre porte.

Et, sur cette porte, une croix !

TOUS

Une croix !
Une croix !
Une croix !
Toutes à la fois
Sous nos yeux semblent naître !

KANDGYAR

On s'est joué de moi !
Mais, sur ma foi,
Dès demain, je saurai retrouver notre traître !
(Les voleurs s'éloignent, pendant que la patrouille reparoît au fond mêlant,
son chant à la prière du Muezzin, qui reprend.)

RIDEAU

Entr'acte de deux minutes.

SEPTIÈME TABLEAU

UNE GALERIE DU PALAIS D'ALI BABA

Une galerie fermée au fond par de grands rideaux. A gauche, une porte conduisant dans les appartements du palais. A droite, une porte voûtée, ouvrant sur un escalier qui conduit à l'étage inférieur et dont on voit les premières marches. Le deuxième plan de chaque côté est libre et la galerie est censée se continuer.

SCÈNE PREMIÈRE.

ALI, MORGIANE, DES ESCLAVES

(Ali est étendu sur un divan et fume. Autour de lui, des esclaves richement habillées, agitent lentement des éventails, tandis que d'autres dansent ou sont occupées à brûler des parfums.)

Introduction.

CHŒUR

Dans ce palais enchanté
Que l'on s'amuse en liberté !
Dans ce palais enchanté
Règne la joie et la gaîté !
Plaisir, ivresse,
Charmez sans cesse
Tous nos instants ;
Que l'heure coule,
Offrant en foule
Doux passe-temps !

ALI, se soulevant à moitié.

Par Mahomet ! que la vie est aimable !
Et que je suis heureux comme cela !
Est-il au monde un sort plus enviable ?
Quel doux métier, que celui de pacha !

(A Morgiane.)

Et maintenant, pour me distraire,
Approche-toi,
Morgiane, et dis-moi
Cette chanson que je préfère!

MORGIANE, prenant un instrument des mains d'une esclave.

Chanson.

1

Petit oiseau, gai bengali,
Dis-moi, dis-moi, mon bel ami,
Pourquoi chantes-tu quand je pleure?
— C'est que je m'en vais, tout à l'heure,
Au fond du bois sombre et discret,
Retrouver celle qui me plaît!

Ah! ah! ah!
C'est l'amour qui vous fait pleurer;
C'est l'amour qui me fait chanter!

2

— Petit oiseau, doux bengali,
Dis moi, dis-moi, mon bel ami,
Pourquoi tu pleures quand je chante?
— Hélas! aujourd'hui, la méchante
Vient de quitter et pour toujours,
Le nid chéri de nos amours!

Ah! ah! ah!
C'est l'amour qui vous fait chanter,
C'est l'amour qui me fait pleurer!

(Après la chanson, Ali fait signe aux esclaves, qui se retirent, sur une reprise de l'orchestre.)

SCÈNE II.

ALI, MORGIANE

ALI, à Morgiane qui va pour sortir la dernière.

Reste, Morgiane!

MORGIANE

Vous avez encore besoin de moi, maître?

ALI

Oui, je veux te parler ! — Depuis que je suis riche, je ne vois autour de moi que des visages joyeux. Il n'y a que le tien qui soit devenu sombre ! J'ai cherché la raison de cette tristesse, et je crois l'avoir trouvée... (Allant à elle.) Tu aimes quelqu'un !

MORGIANE, se troublant.

Moi !...

ALI

Ne t'en défends pas ! C'est de ton âge ! Et, de ton côté, tu es assez gentille pour être aimée... Car tu es devenue gentille, sais-tu bien, Morgiane ? Jolie même ! Habitué à te considérer comme une petite fille, je t'ai vu grandir sans m'apercevoir du changement qui s'opérait en toi... Et voilà qu'aujourd'hui, en te regardant...

MORGIANE, avec un effort sur elle-même.

Maître, vous vous trompez ! Personne ne m'aime, et je n'aime personne !

ALI, lui prenant la main et la regardant dans les yeux.

Bien vrai ?

MORGIANE

Bien vrai !

ALI, lui lâchant la main et passant.

En ce cas, tout est pour le mieux ! Va, Morgiane, va !

MORGIANE.

Maître ! (Elle s'incline et sort lentement par le fond, à gauche.)

SCÈNE III.

ALI, seul, la regardant s'éloigner.

C'est vrai, qu'elle est devenue bien jolie !

6.

Romance.

1

Jamais je ne vis plus beaux yeux,
Ni lèvre plus rose et plus fraîche;
Ce teint d'un éclat merveilleux
A le velouté de la pêche!
J'étais aveugle, en vérité,
Tout près de moi, j'avais sans cesse,
J'avais la beauté, la jeunesse,
Et ne m'en suis jamais douté!

2

Et cette main, ces bras si blancs,
Ces cheveux que le soleil dore!
C'est la femme dans son printemps,
Et c'est l'amour dans son aurore!
J'étais aveugle, en vérité,
Tout près de moi j'avais sans cesse,
J'avais la beauté, la jeunesse,
Et ne m'en suis jamais douté!

Enfin... elle ne songe pas à moi... ne songeons plus à elle! (Il va s'asseoir sur le divan.) Mais c'est dommage! (Il reste absorbé.)

SCÈNE IV.

ALI, GIAFAR

GIAFAR, accourant par le fond, à droite.

Lumière de l'Orient! Astre des astres!

ALI, à part.

Ah! c'est Giafar, mon intendant! Un escogriffe que j'ai pris pour gérer ma fortune, et qui me gruge à plaisir! (Haut.) Que me veux-tu?

GIAFAR

Seigneur, la fortune de Votre Hautesse est si considérable...

ALI, riant.

En effet... je n'en connais pas le chiffre !

GIAFAR, continuant.

Que, pour en faire le classement, j'ai dû engager...

ALI

De nouveaux domestiques... encore ?

GIAFAR

Non ! pas des domestiques ! des scribes, des secrétaires, qui m'aideront dans ce gigantesque travail... Ils sont là ! Si votre Lumière daigne les recevoir ?

ALI

Ma Lumière daigne !

GIAFAR

Entrez, vous autres ! (Cassim et Zizi paraissent.) Et présentez-vous à Sa Hautesse !

SCÈNE V.

ALI, GIAFAR, CASSIM, ZIZI

(Zizi et Cassim entrent, déguisés, avec tout un attirail d'écrivains : encriers, roseaux, papiers, cartons, des bésicles sur le nez, aux bras des manches en lustrine verte. Ils font trois profonds saluts, en reculant d'un pas à chaque salut.)

ZIZI, bas à Cassim.

Attention ! nous voici dans la place !... Il s'agit d'ouvrir l'œil, pour voir si cet Ali Baba n'est pas celui que nous cherchons et que nous avons manqué hier !

CASSIM, à part.

Je pourrais le renseigner mieux que personne... Mais, trahir Ali, ce serait mal... Je resterai neutre !

GIAFAR

Eh bien ! qu'en dit Son Excellence?

ALI, riant.

Ils sont fort bien ! Donne-leur à mettre au net l'acte de propriété de ce palais !

(Giafar remonte au fond à droite et fait un signe. Deux esclaves entrent et apportent deux tabourets très hauts, qu'ils disposent à droite, premier plan.)

CASSIM, à Zizi.

Un palais !... Quand je pense qu'il y a trois jours, il ne pouvait même pas me payer son loyer !

ZIZI, à Cassim.

Tais-toi donc !

GIAFAR, tirant un papier de sa ceinture.

Vous avez entendu Sa Hautesse ! Voici l'acte. Mettez-vous au travail à l'instant !

CASSIM

Nous vous obéissons ! (Ils se perchent sur leurs tabourets.)

ZIZI, dictant.

Le dix-neuvième jour...

CASSIM, écrivant.

Jour...

ZIZI

...De la lune...

CASSIM

Lune !

(Un esclave a paru au fond et a fait signe à Giafar, qui est remonté.)

GIAFAR, revenant, à Ali.

Seigneur, une femme voilée demande à vous parler!

ALI, se levant.

Qu'elle vienne!

CASSIM, à Zizi.

Une femme voilée!... Si c'était...

(Zobéide paraît au fond à gauche. — Giafar, après lui avoir désigné Ali, s'incline et sort.)

SCÈNE VI.

ALI, CASSIM, ZIZI, ZOBÉIDE

(Zobéide est couverte d'un long voile qui la cache de la tête aux pieds. Du fond du théâtre, elle pousse un grand soupir. Enfin, elle s'avance du côté d'Ali et soulève son voile. Elle est en robe bleue.)

CASSIM

Zobéide! Oh! (Il laisse tomber ses papiers.)

ZIZI

Prends garde!

CASSIM, à part, la regardant.

Comme mon deuil lui va bien!

ZOBÉIDE, à Ali, d'un air navré.

Mon cher cousin!

ALI

Ma pauvre cousine!

ZOBÉIDE

Quelle heure est-il?

ALI, *surpris.*

Hein?.. Trois heures!

ZOBÉIDE

Trois heures? (*Changeant de ton.*) En voilà vingt-cinq que je pleure Cassim! Il me semble que les convenances ont été observées plus que largement!

CASSIM, *à part.*

Hein?

ZOBÉIDE

Je trouve même que je lui ai fait la bonne mesure, à ce vieux singe!

CASSIM, *bondissant.*

Vieux singe!...

(*Sans rien dire, Zizi sort de sa poche le poignard et le Coran et les montre à Cassim.*)

ZOBÉIDE, *à Ali.*

Donc, nous pouvons, maintenant, parler d'autre chose!

ALI, *la faisant asseoir sur le divan.*

Je suis à vos ordres! (*Montrant les deux secrétaires.*) Désirez-vous que je renvoie ces secrétaires?

ZOBÉIDE

Inutile! ils ne nous gêneront pas!... Mon cher Ali, vous ne pouvez avoir oublié notre conversation de l'autre jour...

ALI, *cherchant.*

Notre conversation?...

ZOBÉIDE

Ces souvenirs d'enfance... vous savez bien?...

ALI, *vivement.*

Oui, oui, je me rappelle!... Le petit bois...

CASSIM, à Zizi, bas.

De quel bois veut-il parler ?

ZIZI, bas.

Écris donc !… Écris donc !

ZOBÉIDE

Vous n'avez pas oublié non plus notre serment solennel…
sur une petite étoile.

CASSIM, à part.

Un serment !…

ZOBÉIDE

C'est que, dès que je redeviendrais libre, nous serions l'un
à l'autre !

CASSIM, à part.

Eh bien ! j'en apprends de belles !

ALI, de même, avec un peu d'ennui.

C'est vrai !… j'avais fait ce serment-là !

ZOBÉIDE

Eh bien, cousin, me voilà libre… un peu plus tard que je
ne l'aurais voulu… mais il n'y a pas de ma faute !

CASSIM, entre ses dents.

Il ne manquerait plus que ça !

(Zizi lui fait signe.)

ZOBÉIDE

Vous le voyez, je n'ai pas perdu de temps et je suis tout
de suite venue à vous… Mon empressement doit vous
flatter !…

ALI, *avec contrainte.*

Dame ! cousine Zobéide !...

CASSIM, *s'oubliant et criant.*

Quelle abomination !

ZOBÉIDE

Hein ?... Qui se permet ?...

ZIZI, *vivement.*

C'est mon camarade qui vient de faire un pâté ! (A Cassim.) Oui, c'est une abomination ! Il va falloir tout recommencer !

ZOBÉIDE, *pudiquement.*

C'est comme moi ! Il me faudra aussi tout recommencer !

CASSIM, *à part.*

Ah ! la gredine !

ZIZI, *bas.*

Veux-tu te taire ! (Haut, dictant.) Le dix-neuvième jour de la lune...

ZOBÉIDE

Quand je dis tout recommencer, c'est une manière de parler... car, entre nous, Cassim ne compte pas !

CASSIM, *à part.*

Hein ?

ALI

Vraiment ?... Ce pauvre Cassim ?...

ZOBÉIDE

Pas du tout, du tout, du tout !...

CASSIM, *à part.*

Ah ! mais... ah ! mais !...

ZOBÉIDE

Couplets.

1

Comme un beau lis, que nul n'a respiré,
Conserve intact le parfum qu'il exhale,
Comme un beau lis, encore immaculé,
Étale aux yeux sa blancheur virginale ;
Ainsi mon cœur, fleur prête à s'entr'ouvrir,
Attend la main qui devra le cueillir...

Cousin, je vous le jure
Mon âme est simple et pure

Je vous apporte un cœur tout neuf et tout entier :
Bien qu'étant le second, vous serez le premier !

2

Défunt Cassim, en fait de sentiment,
Ne fut jamais d'un mérite bien rare,
Il ne songeait qu'à compter son argent,
En tout, sur tout, ce n'était qu'un avare ;
Et j'ai gardé, lentement amassés,
Les doux trésors qu'il n'a pas dépensés !

Cousin, je vous le jure...
Etc...

CASSIM, furieux.

C'est de la diffamation !... Je bondis de fureur !...

ZIZI

Bondis tant que tu voudras... mais en dedans !

ZOBÉIDE, à Ali,

Eh bien, cousin, j'attends votre réponse !...

ALI, à part.

Je suis pris ! Bah ! dans ma position de fortune, une femme est indispensable... Et, puisqu'il n'en est aucune que je puisse préférer... (Haut.) Voici ma main, cousine !... Ce soir, comme tous les bons musulmans, je donne une grande fête dans les jardins de ce palais, pour célébrer l'anniversaire de la naissance de Mahomet.

7

ZOBÉIDE

Oui... La Fête des Bougies... C'est grande réjouissance
dans tout Bagdad.

ALI

Eh bien ! en même temps, nous célébrerons nos fiançailles...

ZOBÉIDE

Ah ! que vous êtes gentil !... Au fait... disons-nous tu...
comme autrefois !... Embrasse-moi ! (Ali l'embrasse.) Ça t'a fait
plaisir, dis ?

ALI

Certainement !

ZOBÉIDE

Alors, réitère, cousin, réitère !

(Ali la rembrasse. Cassim pousse un rugissement féroce. Ali et Zobéide
le regardent.)

ZIZI, faisant l'étonné.

Tiens ! il y a donc une hyène dans les environs.

ALI

Maintenant, allons nous préparer !

ZOBÉIDE

Oui, c'est cela... je veux être éblouissante ! A tout à l'heure,
mon cousin, mon fiancé ! mon mari ! mon amour ! (Elle l'embrasse et sort vivement. Zizi contient Cassim qui voudrait se précipiter sur
Zobéide.)

ALI, à Cassim et à Zizi.

Cessez votre travail et mettez-vous à rédiger mon contrat
de mariage ! Je vais vous chercher les papiers nécessaires !
(Il sort.)

SCÈNE VII.

CASSIM, ZIZI, puis MORGIANE

(Cassim saute à bas de son tabouret dans un état de fureur indescriptible,
Zizi descend également.)

CASSIM

Rédiger son contrat de mariage avec ma femme !... En
Occident, ça s'appellerait un comble !...

ZIZI

Le fait est qu'elle est raide, celle-là !...

CASSIM

Et moi qui faisais le généreux, moi qui ne voulais pas le
trahir !... Mais, à présent, je serais un fier imbécile de ne pas
te dire que c'est bien Ali Baba qui a pénétré chez vous...
chez nous... non chez vous !

ZIZI

En es-tu sûr ?

CASSIM

Puisque c'est par lui que j'ai appris le secret de la caverne!...
Ah ! le gredin !... Fais-en ce que tu voudras, Zizi, je t'aiderai,
s'il le faut !

ZIZI

Parfait !... Allons vite prévenir Kandgyar et nous mettre
à ses ordres !...

CASSIM

C'est ça !... (Avec menace.) Ah ! tu as fait des serments à ma
femme sur une petite étoile !... Eh bien ! on t'en flanquera
des étoiles... tu ne l'emporteras pas dans le paradis de Mahomet !... (Ils vont pour sortir et se trouvent devant Morgiane qui paraît.
— A part.) Morgiane !

MORGIANE

Vous êtes les deux secrétaires ?

ZIZI

Oui, mais nous en avons assez du métier !

CASSIM

Vous présenterez nos excuses au seigneur Ali Baba !

ZIZI

Au revoir, la belle enfant, au revoir !

(Ils sortent.)

SCÈNE VIII.

MORGIANE, puis ALI

MORGIANE

Comme ils ont l'air pressé !... C'est bizarre !...
(Ali paraît, des papiers à la main.)

ALI

Voici les papiers en question !... Eh bien ! Où sont-ils donc ?

MORGIANE

Vos nouveaux secrétaires ?... Ils viennent de partir à l'instant... La place ne leur convient pas !

ALI

Et moi qui leur apportais ces papiers pour rédiger mon contrat de mariage !...

MORGIANE

Votre contrat ?

ALI

C'est juste !... Tu ne sais pas ce qui vient d'être décidé...
J'épouse Zobéide aujourd'hui même !...

MORGIANE, avec un cri involontaire.

Ah !

ALI, vivement.

Eh bien ! Qu'as-tu donc ?... Est-ce que par hasard ça te
ferait quelque chose d'apprendre que je me marie ?

MORGIANE, vivement.

A moi ?... non, non... c'est-à-dire, cela me fait plaisir...
grand plaisir... (A part.) Zobéide ! Ah ! j'aurais dû m'y
attendre !

ALI

Alors, tu approuves le choix que j'ai fait ?

MORGIANE

Comment ne l'approuverais-je pas ?... (A part.) Oh! que faire
pour ne pas me trahir ?

SCÈNE IX.

LES MÊMES, UN ESCLAVE

L'ESCLAVE

Maître ?

ALI

Qu'y a-t-il ?

L'ESCLAVE

Un marchand est là, qui désire vous adresser une demande.

7.

ALI

Reçois-le, Morgiane, et accorde-lui en mon nom ce qu'il
souhaite! Ensuite tu prépareras la chambre nuptiale... Moi,
je vais m'occuper de faire rédiger ce contrat...

(Il sort par la gauche.)

MORGIANE, à l'esclave.

Tu as entendu?... Fais entrer ce marchand.

(L'esclave sort.)

SCÈNE X.

MORGIANE, seule, puis KANDGYAR

MORGIANE, elle regarde le côté par où est sorti Ali.

Il va en épouser une autre!... Et dire que peut-être un
mot de moi aurait empêché ce mariage!... Mais non!... Jamais je n'aurais osé lui avouer...

KANDGYAR, entrant, amené par l'esclave.

Le seigneur Ali?

MORGIANE

Il m'a chargé de vous recevoir... De quoi s'agit-il?

KANDGYAR

Je me nomme Mustapha-ben-Daoud... Je conduis à Basso-
rah des ânes chargés d'outres pleines d'huile... Ils sont près
d'ici, dans la montagne, avec leurs conducteurs... Je désire-
rais l'hospitalité pour cette nuit...

MORGIANE

Pour vous et vos marchandises?

KANDGYAR

Oui.

MORGIANE

Rien de plus facile!... (Ouvrant une porte à droite, premier plan.)
Il y a ici au-dessous un immense cellier où l'on pourra ran-
ger vos outres, et de larges écuries où vos bêtes trouveront
un abri.

KANDGYAR

Qu'Allah vous bénisse!... Si vous le permettez, je vais
donner ordre à mes conducteurs d'approcher. (A part.) Ce sont
mes hommes qui sont cachés dans ces outres... Cette nuit, Ali
Baba sera en notre pouvoir... (Il va au fond et écarte les rideaux
qui ferment la galerie. On aperçoit un immense panorama, moitié campagne
et moitié ville. Il donne un signal avec une trompe qu'il porte en bandoulière. Musique à l'orchestre. De gauche arrivent des ânes tenus
en main par des conducteurs. Ils gravissent une pente et disparaissent à
droite, se dirigeant vers le palais. Le défilé terminé, les rideaux se re-
ferment.)

MORGIANE, à l'esclave.

Conduis ce marchand à Giafar et qu'on se mette à sa
disposition.

KANDGYAR, s'inclinant.

Que de reconnaissance!... (A part.) A bientôt, seigneur Ali
Baba.

(Il sort suivi de l'esclave.)

SCÈNE XI.

MORGIANE, seule, allant prendre à gauche une lampe.

Allons! il faut que je me hâte de remplir cette petite
lampe qui doit, dans quelques heures, éclairer la chambre des
nouveaux époux.

Romance.

1

Petite lampe nuptiale,
Pour une autre tu vas briller;
Et c'est moi, douleur sans égale,
Qui de ma main doit t'allumer,
Petite lampe nuptiale!

2

Petite lampe nuptiale,
Qui me ravis ce que j'aimais,
Tu vas éclairer ma rivale ;
Pour moi tu ne luiras jamais,
Petite lampe nuptiale !

Descendons à la cave... Au fait, les outres dont m'a parlé ce marchand... (Entr'ouvrant la porte de droite.) Oui... elles sont rangées là... Je ne lui ferai pas grand tort en lui empruntant le peu d'huile dont j'ai besoin. (Elle s'apprête à descendre.)

UNE VOIX, du dehors.

Est-ce bientôt l'heure, capitaine ?

MORGIANE, se reculant avec un cri d'effroi.

Ah !... (Se remettant et déguisant sa voix.) Non !... Pas encore !... (Elle referme vivement la porte.) Par Allah ! que j'ai eu peur !... Ces outres qui parlent !... C'est certainement quelque nouveau piège tendu à mon maître par ces méchants voleurs... Comment faire pour le sauver ?... Et je suis seule !... Tout le monde est occupé par les préparatifs de la fête...

(A ce moment, on entend au dehors la musique de la patrouille qui a passé au tableau précédent. Courant au fond à gauche et regardant au dehors.) Le cadi qui parcourt la ville avec la patrouille... (Appelant.) Seigneur cadi !... Ah ! Il m'a entendue ! Il vient... Le voici...

SCÈNE XII.

MORGIANE, MABOUL, puis des SOLDATS

MABOUL

Qu'y a-t-il pour votre service, gentille Morgiane ?

MORGIANE

Ah ! si vous saviez, seigneur cadi !... Cette fameuse bande de brigands !...

MABOUL

Les quarante voleurs?... On en parle beaucoup mais, comme je ne les ai jamais vus, je n'y crois pas... C'est un bruit qu'on fait courir pour ennuyer la police!...

MORGIANE

Ils sont là...

MABOUL, effrayé.

Hein! là? Où, là?

MORGIANE, désignant la droite.

En bas, dans le cellier!

MABOUL

Par Allah! nous n'avons que le temps de filer!...

MORGIANE

Y songez-vous? Il faut les arrêter!

MABOUL

Les arrêter! Comme vous y allez!... Depuis dix-sept ans que je suis en fonctions, je n'ai jamais arrêté personne!... Ce n'est pas dans mes habitudes!

MORGIANE

Il y a commencement à tout!

MABOUL.

Et s'ils allaient me faire du mal?

MORGIANE

Ne craignez rien! Ils sont enfermés dans de grandes outres. Ils ne peuvent bouger... et puis, cette patrouille qui vous accompagne...

7...

MABOUL

En effet... (Allant au fond à gauche.) Arrivez... vous autres (Paraissent les soldats.) C'est égal, arrêter ces malfaiteurs!... Pourvu que ça n'aille pas me faire perdre ma place!... (A Morgiane.) Vous me garantissez qu'il n'y a pas de danger?

MORGIANE

Je vous l'affirme!

MABOUL, prenant une résolution.

Alors... (Aux soldats.) Descendez devant et arrêtez-moi toutes les outres que vous trouverez là-dedans!... (Musique. — Les soldats descendent à droite.) Vous les tenez bien?... Parfait!... Je puis vous suivre... (Avec triomphe.) J'ai pris quarante voleurs à moi tout seul!...

(Il descend à son tour.)

MORGIANE

Cette fois encore, il me devra la vie.

(Elle sort par la gauche.)

CHANGEMENT A VUE

HUITIÈME   TABLEAU

LA FÊTE DES BOUGIES

Les jardins d'Ali Baba splendidement disposés pour une fête. A
gauche, premier plan, une estrade avec un trône pour Ali-Baba.
Au fond, terrasses garnies de fleurs et de plantes. Panorama
de Bagdad et du Tigre. Au changement, fin du jour. Effet très
chaud de soleil couchant Puis, au moment où commence la fête,
illumination générale et instantanée de tout le décor. La fête
des Bougies dans tout son éclat avec les lumières se reflétant à
l'infini dans les eaux du fleuve (1).

SCÈNE PREMIÈRE.

KANDGYAR, ZIZI, CASSIM

KANDGYAR, arrivant le premier par la gauche.

Par ici, mes enfants!... Par ici!...

ZIZI, le suivant.

Arrive, Casboul!

CASSIM, arrivant à son tour.

Me voici!

ZIZI

Ouf! nous l'avons échappé belle... Tous nos pauvres camarades ont été pris...

KANDGYAR

Oui... Et dans quelques instants...

ZIZI

Couic! Ils seront pendus.. Et l'on se plaint des lenteurs de
la justice!... Aussi nous ferons bien de ne pas nous attarder
ici... Filons. .

(1) *Note pour les directeurs.* — Les praticables du tableau précédent devant servir pour celui-ci, seront construits de façon à se
redresser instantanément et, au moyen de volets, formeront
terrasses.

CASSIM

C'est ça... l'air de ce palais est malsain...

KANDGYAR

D'abord, je veux venger nos amis... Et cela ne sera pas long...

ZIZI

Comment?

KANDGYAR

Vous savez que, dans quelques instants, notre ennemi donne une grande fête...

CASSIM

Pour célébrer ses fiançailles... Si je le sais!...

ZIZI

Il doit y avoir des divertissements... des danses...

KANDGYAR

C'est là-dessus que je compte... (A Zizi.) Tu connais Medjéah, cette bayadère qui a mille raisons pour m'être dévouée?...

ZIZI

Mille et une, capitaine!

CASSIM

Eh bien?

KANDGYAR

Elle est au nombre de celles qui doivent danser dans cette fête... C'est une fille adroite, intelligente, et obéissante surtout... Je lui ai fait dire de venir me retrouver ici... (Regardant à droite.) Et, tenez, la voici...

SCÈNE II.

Les Mêmes, MEDJÉAH.

KANDGYAR

Approche, Medjéah... (Medjéah vient à lui, elle est enveloppée d'un grand manteau.) Quoi que je t'ordonne, quoi que je te demande, je puis absolument compter sur toi, n'est-ce pas ? (Geste d'assentiment de Medjéah.) Tu es incapable de faiblesse ou de trahison ?... (Nouveau geste.) Bien !.... Écoute.... Tout à l'heure, tu dois danser ici un des pas qui ont fait ton succès : le pas du poignard...

ZIZI

Ah ! je devine !....

KANDGYAR, continuant.

Au lieu de l'arme de parade qui te sert d'habitude, tu vas prendre celle-ci. (Il lui tend un poignard.) Tu t'approcheras d'Ali, et, saisissant un moment favorable, tu la lui plongeras en pleine poitrine....

CASSIM.

Pas mal ! Pas mal !...

ZIZI

Comment, pas mal !... Admirable !...

KANDGYAR

Tu m'as compris, Medjéah ?... Et tu m'obéiras ?... (Geste de Medjéah.) Va !... (Medjéah s'incline et sort. — A Zizi et Cassim.) Voici qu'on arrive... Éloignons-nous, et dissimulons-nous dans la foule. Tremble, Ali Baba ! nous ne sommes plus que trois, mais tu ne l'emporteras pas !...

CASSIM, à part.

Plus que trois !... Tiens ! tiens ! tiens !...

ZIZI, le suivant.

Viens-tu, Casboul ?...

CASSIM

Je vous suis... (Il fait mine de sortir derrière eux, mais, une fois seul, il s'arrête.)

SCÈNE III.

CASSIM, seul.

Nous ne sommes plus que trois !... C'est-à-dire, ils ne sont plus que deux !... Si je n'étais plus qu'un !... Je pourrais enfin parler !... Oh ! il germe dans ma vaste cervelle un plan gigantesque !... Il s'agit de découvrir Morgiane... Ah ! Zobéide !... Vous n'êtes peut-être pas aussi veuve que vous le croyez, madame !...

(Musique.—Tout le décor se trouve brillamment éclairé par des milliers de lanternes et de bougies qui s'allument instantanément de tous les côtés à la fois.)

SCÈNE IV.

INVITÉS, puis ALI BABA, puis SALADIN et ZOBÉIDE,

puis des DANSEUSES, MEDJÉAH, KANDGYAR, ZIZI, puis CASSIM

Finale.

CHŒUR DES INVITÉS

A la fête
Qui s'apprête
Accourons joyeusement ;
Et sans facte,
A notre hôte,
Prouvons notre empressement.

(Sur la fin du chœur, Ali Baba paraît en riche costume, précédé de Giafar et de gardes magnifiquement habillés.)

ALI

Salut à tout le monde
Et que ma porte s'ouvre à tous !
Mes bons amis, accourez à la ronde !
Dans mon palais, vous êtes tous chez vous !

REPRISE

A la fête
Etc...

(Pendant cette reprise, Ali va au-devant de Zobéide qui arrive en costume
de mariée, précédée de six demoiselles d'honneur et suivie de Saladin. —
Il la fait asseoir auprès de lui sur l'estrade. — Entrée des danseuses. —
Puis paraît Medjéah.)

KANDGYAR, qui a paru à droite, premier plan, avec Zizi, se dissimulant
dans la foule, à part.

C'est la vengeance qui s'apprête !
Déjà la mort est sur sa tête !

Danses. — Pas du poignard. — Au moment où Medjéah, après plusieurs
hésitations et sur un geste impérieux de Kandgyar, s'élance pour frapper
Ali, Morgiane paraît sur l'estrade et lui arrache le poignard qu'elle jette
au loin. Mouvement.)

MORGIANE

J'arrive à temps ! Il est sauvé !

TOUS

Quoi donc ? Qu'est-il arrivé ?

MORGIANE, désignant Kandgyar et Zizi,

De ces deux hommes qu'on s'empare
Pour les mener chez le cadi !

ZIZI

Pardon, je le déclare,
C'est une erreur !

MORGIANE

Faites ce que j'ai dit !
De ces voleurs qu'on vient de pendre,
Ces mécréants
Sont les seuls survivants :
Comme le reste il faut les pendre !

TOUS

Il faut les pendre !

(On s'empare de Kandgyar et de Zizi. Morgiane s'est retournée vers Ali,
qu'elle regarde avec amour.)

ALI, lui prenant les mains. Sur le motif de la romance du septième tableau.

Ah ! je comprends la vérité !
Malgré toi ton secret se livre !

MORGIANE, dans ses bras,

Maître ! sans vous je ne puis vivre
Et c'est en vain que j'ai lutté !

ZOBÉIDE

Pardon ! vous oubliez que je suis votre femme !

CASSIM, surgissant à gauche, premier plan.

Pas encore, madame !
Car je suis là !

ZOBÉIDE

Quel est cet homme que voilà ?

CASSIM

Vous allez le connaître !

TOUS

Quel est cet homme que voilà ?
Qui donc peut-il bien être ?

(Pendant ce temps, Cassim a tiré de sa poche une perruque et une barbiche
semblables à celles qu'il portait au commencement et les a mises.)

TOUS, le reconnaissant.

Cassim !

ZOBÉIDE

Ah ! mon mari !

CASSIM

Moi-même !
C'est ton petit Cassim que tu croyais perdu !

ZOBÉIDE

Et j'avais espéré ! Ma fureur est extrême !

(Elle lui donne un soufflet.)

CASSIM, avec joie.

Ah ! son cœur m'est rendu !

ALI, désignant Kandgyar et Zizi.

Chez le cadi qu'on les emmène !

ZIZI, s'échappant et courant à Cassim.

Grâce ! grâce ! patron

CASSIM

Non ! non ! non !

ZOBÉIDE

C'est Zizi ; notre ancien garçon,
Avec lui je veux être humaine.

(A Ali.)

Qu'on fasse grâce à celui-là !
(A part.)
C'est lui qui me consolera !

(Sur un signe d'Ali, on laisse Zizi et on entraîne Kandgya t.)

ALI, qui a repris Morgiane par la main. (Motif du finale du premier acte.)

Et maintenant, toute crainte est passée :
Pour faire honneur à ma nouvelle fiancée,
Qu'on reprenne gaîment
Les danses et le chant.

Couplet final.

Ali Baba, grâce au Prophète,
A presque tout ce qu'il souhaite.

MORGIANE

Maintenant, pour combler nos vœux
Et pour nous rendre bien heureux,
Il faut qu'ici chacun répète :

ENSEMBLE GÉNÉRAL

Vive, vive Ali Baba !
Il est plus riche qu'un pacha !
Vive, vive Ali Baba !
Bénissons le saint nom d'Allah !

RIDEAU

Paris. — Imp. Paul DUPONT, 2½, rue du Bouloi (Cl.), 10.1.88.